普通高等教育物流管理与工程类专业教材

物流系统工程

吴小珍　张绪美　主　编

人民交通出版社股份有限公司
北京

内　容　提　要

本书是普通高等教育物流管理与工程类专业教材，较全面地介绍了系统与系统工程的基本概念、理论与方法，在此基础上，以系统的观点去看待专业问题，进一步阐述如何运用系统工程的理论和方法处理物流系统中出现的种种问题，为其提供最优规划和计划，进行有效协调和控制。本书具体内容包括系统与物流系统、系统工程及物流系统工程、物流系统分析、物流系统预测、物流系统对策、物流系统评价、物流系统优化以及物流系统模拟共八章。各章均附有思考与练习题，便于读者理解和应用。

本书可作为高等院校物流工程类、物流管理类课程的教材或教学参考书，也可供从事物流行业的企事业单位的管理工作者、工程技术人员阅读参考。

图书在版编目(CIP)数据

物流系统工程/吴小珍,张绪美主编.—北京：人民交通出版社股份有限公司,2021.6
ISBN 978-7-114-17165-9

Ⅰ.①物… Ⅱ.①吴…②张… Ⅲ.①物流—系统工程—高等学校—教材 Ⅳ.①F252

中国版本图书馆 CIP 数据核字(2021)第 048715 号

书　　名：	**物流系统工程**
著　作　者：	吴小珍　张绪美
责任编辑：	郭　跃
责任校对：	赵媛媛
责任印制：	刘高彤
出版发行：	人民交通出版社股份有限公司
地　　址：	(100011)北京市朝阳区安定门外外馆斜街 3 号
网　　址：	http://www.ccpcl.com.cn
销售电话：	(010)59757973
总　经　销：	人民交通出版社股份有限公司发行部
经　　销：	各地新华书店
印　　刷：	北京虎彩文化传播有限公司
开　　本：	787×1092　1/16
印　　张：	8
字　　数：	183 千
版　　次：	2021 年 6 月　第 1 版
印　　次：	2022 年 7 月　第 2 次印刷
书　　号：	ISBN 978-7-114-17165-9
定　　价：	24.00 元

(有印刷、装订质量问题的图书由本公司负责调换)

PREFACE 前言

系统工程是以大规模复杂系统为研究对象,在系统理论、管理科学及其运筹学、专业工程技术等学科基础上,交叉形成的一门学科。第六次科技革命将是信息科技、生命科技和纳米科技的交叉融合,并主要发生在三大学科的结合部。可以预见,系统工程将会大有用武之地,并得到极大发展。因此,对于各个领域的专业人员,特别是对于物流工程及管理专业的人员,掌握系统工程的理论和方法,并在物流工程及管理实践中运用,具有十分重要的意义。

本书较详细地介绍了系统工程的概念、基本理论以及系统分析、预测、决策、评价、优化及模拟的方法,并将其运用于物流系统,力求能够解决物流工程和物流管理问题。本书注重系统工程方法的前沿性和实用性,并在分析中注重系统工程学科交叉和综合性的特点,带领读者学会用系统的观点看问题,具有开阔的思维和大局观。

本书共八章,由武汉科技大学汽车与交通工程学院运输与物流工程系的各位老师合力编写完成,第一章和第二章由吴小珍老师主笔,第三章由张绪美老师主笔,第四章由刘玲丽老师主笔,第五章由孟芳老师主笔,第六章由高俊老师主笔,第七章和第八章由陈玲娟老师主笔。

在本书的编写过程中,参考并借鉴了很多专业书籍和前辈、同行的研究成果以及网站的资料,编者已尽可能全面地列于参考文献中,但恐有遗漏,敬请谅解,并向各位作者致敬、致谢!

由于编者水平有限,本书不当之处恳请广大读者批评指正。

编 者
2021 年 3 月于武汉科技大学

CONTENTS 目录

第一章　系统与物流系统 ·· 1
　第一节　系统与系统科学 ·· 1
　第二节　物流系统 ·· 16
　思考与练习题 ·· 17
第二章　系统工程及物流系统工程 ·· 18
　第一节　系统工程 ·· 18
　第二节　物流系统工程 ·· 36
　思考与练习题 ·· 37
第三章　物流系统分析 ··· 38
　第一节　系统分析概述 ·· 38
　第二节　系统结构分析方法——解释结构模型 ·· 44
　思考与练习题 ·· 54
第四章　物流系统预测 ··· 55
　第一节　概述 ·· 55
　第二节　定性预测法 ··· 58
　第三节　回归分析预测方法 ·· 64
　第四节　投入产出预测法 ··· 71
　思考与练习题 ·· 78
第五章　物流系统对策 ··· 80
　第一节　概述 ·· 80
　第二节　二人零和对策的求解 ··· 81
　思考与练习题 ·· 84
第六章　物流系统评价 ··· 85
　第一节　系统评价概述 ·· 85
　第二节　层次分析法 ··· 90
　思考与练习题 ·· 99
第七章　物流系统优化 ··· 100
　第一节　概述 ·· 100
　第二节　网络图的基本要素 ·· 101
　第三节　网络图的绘制 ·· 102
　第四节　网络图时间-成本优化 ·· 108

思考与练习题 ·· 110
第八章　物流系统模拟 ·· 112
　第一节　系统模拟概述 ·· 112
　第二节　蒙特卡罗模拟 ·· 113
　　思考与练习题 ·· 118
参考文献 ·· 120

第一章 系统与物流系统

第一节 系统与系统科学

一、系统

系统这一概念源于人类长期的社会实践,在现实生活中,系统无处不在。我们可以列举出无穷无尽的系统的例子。例如,电脑就是一个系统,它是由硬件子系统(CPU、键盘、存储器等)和操作系统以及软件子系统(Office 办公软件、各种游戏软件等)共同构成的;一部机器是一个机器系统;一个国家、整个社会也构成一个系统;除此之外,还有运输系统、企业系统、生态系统,包括人体自身也是一个极其精密的系统。半个多世纪以来,系统作为一个研究对象,吸引了众多领域的专家从事研究和应用,其内涵也在不断地发展和完善。

1. 系统的定义

关于系统的准确定义,国内外有着不同的说法,主要有以下几种:

(1)一般系统理论创始人路德维希·冯·贝塔朗菲认为:"系统是相互作用的诸要素的综合体。"

(2)韦氏大辞典(Webster 大辞典)中系统(System)被解释为"有组织或被组织的整体,被组合的整体所形成的各种概念和原理的综合,以有规则地相互作用、相互依赖的形式组成的诸要素的集合"。

(3)在日本 JIS 标准中,"系统"被定义为"许多组成要素保持有机的秩序,向同一目的行动的集合体"。

(4)钱学森把系统定义为:"极其复杂的研制对象,即由相互作用和相互依赖的若干组成部分组合成的具有特定功能的有机整体,而且这个系统本身又是它所从属的一个更大系统的组成部分。"

由上述这些关于系统的定义我们可以发现,虽然其表述各种各样,不尽相同,但都包含了系统的几个共同点:

(1)系统是由两个及以上的要素组成的整体。要素是构成系统的最基本的部分,没有要素就无法构成系统,单个要素也无法构成系统;构成系统的要素可以是单个事物,也可以是一群事物的集合体。

(2)系统的各要素之间、要素与整体之间以及整体与环境之间存在着一定的有机联系。要素之间的联系是构成系统的基本条件。要素之间若没有任何联系和作用,则不能称其为系统。

(3)系统的整体要具有不同于各组成要素的结构和功能,此功能是由要素之间的有机联系和系统结构所决定的。

由此,我们知道,系统是由一些要素通过相互作用、相互联系而组成的具有一定功能的整体。需要注意的是,系统与要素是相互伴随而产生的、相互作用而变化的。同时,系统与要素的概念是相对的。每一系统都是更高层次系统的要素,它的要素又是低层次系统,系统和组成系统的各种要素构成了宇宙的无限链条。也就是说,一个系统相对于构成它的要素而言是一个系统,而相对于由它和其他事物构成的大系统而言,则是一个要素(或称为子系统);同样,一个要素相对于由它和其他要素构成的系统而言,是一个要素;但相对于构成它的要素而言,则是一个系统。例如,物流系统是由运输系统、仓储系统、包装系统、装卸搬运系统、信息处理系统等子系统组成,而公路运输系统、水路运输系统、铁路运输系统、航空运输系统、管道运输系统组成了运输系统,如图1-1所示。相对于公路运输系统而言,运输系统是一个系统;相对于整个物流系统而言,运输系统是一个要素。

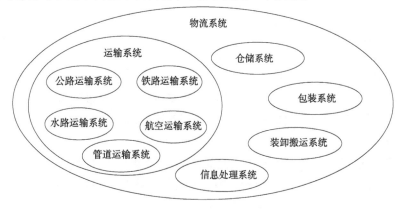

图1-1 物流系统

2. 系统的特性

1) 整体性

系统的整体性指系统的功能不是各组成要素功能的简单叠加,而是呈现出各组成要素所没有的新功能,即系统整体不等于各组成要素之和,这就是贝塔朗菲著名的非加加定律。

$$1+1 \neq 2$$

那么就有两种情况:

(1) $1+1<2$。例如,"一个和尚挑水吃,两个和尚抬水吃,三个和尚没水吃。"

(2) $1+1>2$。例如,"三个臭裨将,顶个诸葛亮。"

分析可知,上述两个系统的要素同样都是三个人,当这三个人之间精诚合作、相互配合时,集体的智慧、力量就得到了发挥,可以"顶个诸葛亮";反之,和尚要素之间不协调、不合作,就使得集体效果骤减,到了"没水吃"的地步。

我们当然希望一个优化的系统,其整体功能大于各组成要素功能的总和,即

$$F > \sum_{i=1}^{n} F_i$$

式中:F——系统的整体功能;

F_i——系统第 i 个要素的功能($i=1,2,3,\cdots,n$)。

这就要求,在整体功能的基础上,各组成要素之间要协调、配合。在认识和改造系统时,

一切要从整体出发,从全局考虑,从系统、要素、环境的相互关系中探索系统整体的本质和规律,系统的构成要素和要素的机能、要素的相互联系要服从系统整体的目的和功能,把握住系统的整体效应。比如,一台计算机系统的配置,其中各个部件都选最优的,但如果相互之间不匹配,那么这台计算机整体的性能一定不是最好的。再以运输系统来说,只有构成运输系统的公路、水路、铁路、航空、管道等各个运输子系统形成一个协调的综合运输体系,才能更好地发挥其效用,才能得到更好的发展。

值得注意的是,有时整体的最优是以牺牲某些要素最优为代价的,这涉及系统的第二个特性——相关性。

2) 相关性

系统各要素之间按照一定的方式相互联系、相互依存、相互制约的性质称为系统的相关性。这些联系可能是直接的,也可能是间接的,但无论是怎样的联系形式,系统各要素间的相互影响和作用总是存在的,系统中任一要素的变化都可能引起其他要素的变化乃至整个系统的变化。比如人体系统,当出现"头晕"的症状,引起这种症状直接的原因可能是由脑积水、脑血管狭窄等脑部因素直接导致的,但作为人体系统内各要素之间的相关性来考虑,还有可能是颈椎压迫、高血压、低血糖等间接因素所引起的头晕。

基于系统中各要素之间的相关特性,要求系统内各要素之间具有合理的关系,从而提高系统整体运行的效率。例如,对于乘客乘车难的问题,在交通运输系统中怎样解决?最直接的办法是增加车辆数目,提高乘客的容载量。表面上看,可以让更多人有车坐,但实际上,盲目增加车辆数量,会导致道路交通的拥挤、堵塞,会使乘客乘车更难。这就是系统内各要素之间的相互制约关系。因此,应该通过适当增加车辆数量、优化线路、安排合理的发车时间等手段让各要素之间协调运作。

此外,集装箱运输系统的发展历程也充分反映了系统相关性的重要作用。集装箱只是一种成组工具,使用集装箱这个成组工具进行运输(集装箱运输作为一种运输方式)则是一个庞大的系统。从系统的角度来看,它是由各种运输方式,各个参与主体相互衔接,多个要素共同构成的完整的货物运输系统。早在1955年,我国铁道部就成立了集装箱运输营业所,开辟了天津、北京广安门站集装箱国际联运,并掌握700多辆汽车开展"门到门"运输服务。但是,由于对集装箱运输系统相关性的认识不足,运输所需场地、装卸机械等配套设施没跟上,相应的集疏运系统也没有建设发展,使得集装箱的装卸效率低下,换装环节不顺畅,集装箱运输的优势得不到体现,导致铁路集装箱运输处于无人管理、徘徊停滞的状态。直到1973年开辟了海上国际集装箱运输,在水运企业组织集装箱运输,实现了海陆联运以后,集装箱运输才得到了突飞猛进的发展。之后随着对集装箱运输系统各要素的不断发展、完善,各项配套设施日益完善,如大型化、自动化的全集装箱船,高速化、机械化的港口,完善的集疏运系统。到今天,集装箱运输已经遍及世界上所有的海运国家,彻底改变了杂货运输的落后面貌,引起了在世界运输史上从未有过的大变革。

3) 目的性

系统按照统一的目的将各组成部分组织起来的性质称为系统的目的性,也称为系统的功能性。任何一个系统都有它的目的,否则,就失去了这个系统存在的价值和意义。因此,目的性是这一系统区别于另一系统的标志。作为系统的一个组成部分都有为系统目的服务的一面,同时作为不同于其他的组成部分,又有维护自身利益的一面,研究确定系统目的和子系统目的之间的关系,保证各子系统在系统总目的的指导下,协同配合,分工合作,在完成各子系统目的的同时达成系统的目的是系统目的性的主要研究内容。例如,企业经营总目的是经营业绩好,就是以最少的资源消耗去取得最大的经济效益。这个总目的一般会用更具体的指标来体现,如产量、产值、成本、利润、质量等。各指标之间常常互为消长,相互矛盾,如低成本和高质量之间,那么总目的的实现就是以上这些指标之间协调、平衡的结果。

了解系统的目的性可以帮助明确系统的功能,从而进一步确定系统的结构,在矛盾的要素之间进行协调,寻求最优的系统方案。

4)环境适应性

对一个系统而言,什么是"环境"?系统的属性既规定了系统的要素集合,即系统本身,也规定了系统的环境,即系统之外的集合。任何一个系统总处于特定的环境之中,并与环境不断地进行物质、能量、信息等的交换。系统离不开环境,它在适应环境变化的同时还反作用于环境,这种系统随着环境的变化而存在的性质称为系统的环境适应性。

系统为什么要去适应环境呢?因为,环境中存在着其他系统,它们常常不会随某具体系统的消亡而消亡,特别是具有竞争关系的系统。例如,在物流运输系统中,各运输工具具有一定程度的可替代性,即竞争性,如铁路短途运输与公路运输之间;铁路长途运输与水路运输之间。又如,当飞机频繁出现事故时,很多人就会选择高铁出行。那么两个具有竞争关系的系统,一个发展得越来越壮大,另一个就有可能不存在。从这个意义上来说,个别系统的存在是相对的,是有可能消亡的,而环境是永恒的。因此,系统只有适应环境,具有环境适应性,才能生存得更好,才有可能进一步发展。

5)开放性

系统的开放性是指系统与环境的交互活动,这是系统生长的需要,也是系统生存所必需的。例如,清朝实行的闭关锁国就让中国这个国家系统没有了开放性,失去了与世界系统交互而成长的可能,导致了后来落后挨打的局面。

6)层次性

系统作为一个相互作用的诸要素的总体来看,可以分解为一系列的子系统,子系统之间存在一定的层次结构,这是系统空间结构的一种形式。通常,判断一个系统的复杂程度不是依据它所包含的组分数目,而是由它所具有的层次多少来决定的。一个系统包含的层次越多,这个系统就越复杂。

在系统层次结构中,表征了在不同层次子系统之间的从属关系或相互作用的关系,但是,这一层次的性质并不是由下一层次的性质简单相加得出的,一个复杂系统在由低层次的要素组成高层次的过程中,系统往往会产生出新的、原来层次所没有的性质,这个过程在系统科学里被称为涌现(Emergence)。涌现现象在诸多学科领域中都有体现,关于它的性质和特点,是近年来复杂性科学研究中的一个热点。这里需要强调的是,一个复杂系统的各个层次通常会表现出不同的特点,一般需要采用不同的方法来进行研究。

3. 系统的分类

为了对系统的性质加以研究,有必要对系统进行分类。根据系统的反映属性和生成原因的不同,系统有多种分类方式。

(1)按照自然属性的不同,可以将系统分为自然系统、人造系统和复合系统。

①自然系统是指由自然物在自然过程中产生的系统。自然界中的原始系统都是自然系统。例如,太阳系、银河系等构成的"天体系统";山川河海及各种矿藏所构成的"地理系统";各种原生物、植物、动物、微生物等构成的"生物系统";森林、草原、荒漠、山地、河流、海洋等构成的"自然生态系统"。

②人造系统是指人类为达到某种预期目的,经过人们的劳动改造,由人工造就的要素组成的系统。例如,城市系统、电力系统、国民经济系统、教育系统、工业系统、医疗卫生系统、社会保障系统、科学技术系统等都属于人造系统。

③复合系统是指由自然系统和人造系统复合而成的系统。多数系统其构成要素中既有自然物又有人造物,如气象预报系统、农业系统、生态系统等。

这里需要注意的是,人造系统都是存在于自然系统之中,两者之间是互相影响和渗透的。例如,城市系统、各种工程系统,它们都是处在特定的自然环境中才能发挥作用;而城市系统和各种工程系统在开发过程中往往又会导致自然系统的破坏。因此,正确处理两者的关系(如污染控制、环境保护等)是系统工程的重要课题。

(2)按照要素构成属性的不同,可以将系统分为实体系统和概念系统。

①实体系统是指构成系统的要素由具有物理属性的物质实体组成。例如,汽车、机械系统、计算机硬件系统、通信网络系统等都属于实体系统。

②概念系统是由概念、原理、原则、方法、制度、规定、程序、政策等各种观念性的非物质实体构成。例如,管理信息系统、法律系统、教育系统、科学技术系统、国民经济系统等。

在实际生活中,实体系统和概念系统往往结合以实现一定的功能。实体系统是概念系统的基础,而概念系统又往往为实体系统提供指导和服务。例如,为实现某项工程实体,需提供计划、设计方案和目标分解,对复杂系统还要用数学模型或其他模型进行仿真,以便抽象出系统的主要因素,并进行多个方案分析,最终付诸实施。在这一过程中,计划、设计、仿真和方案分析等都属于概念系统。

(3)按照系统要素的状态属性不同,可以将系统分为静态系统和动态系统。

①静态系统指系统的要素不随时间变化或处于相对静止、平衡状态的系统。事实上,静态系统是不存在的,只是为了研究方便,人为地假设系统处于相对平衡或静止的状态,或者描述动态系统在某一时刻或某一时段的行为时认为系统是静态的,如城市规划布局系统、交通网络图、系统框架图等。

②动态系统指系统的要素随时间变化的系统。世界上所有系统均是动态系统,动态系统的要素随时间变化必将引起时空结构、层次结构、系统特性与行为等的变化,这是造成系统复杂性的原因之一。

(4)按照系统和环境的关系不同,可以将系统分为开放系统和封闭系统。

①开放系统是指与系统外的某些事物有输入和输出关系的系统,或者与外界环境进行物质、能量和信息交换的系统,社会工作和生活中存在着大量的开放系统。例如,学校系统是一个特征显著的开放系统,它要根据社会对人才的需求设定办学目标,制订培养计划,落实培养方案,向社会输出合格人才,它与社会、经济等环境不断地进行着物质、能量和信息的交换。又如,生产系统也是典型的开放系统,它要根据市场需求确定生产计划,其产品要被

市场所接受。这些系统通过系统要素的不断调整,来适应周围环境的变化,以使其在某个阶段保持稳定的状态。因此,开放系统往往具有自适应特性。

②封闭系统指系统与环境相互隔绝而孤立,系统与环境之间没有物质、能量和信息交换,呈封闭状态。一个典型的实例就是密闭罐中的化学反应,在一定初始条件下,不同反应物在罐中经化学反应达到一个平衡态。

需要注意的是,绝对的封闭系统是不存在的,封闭系统是开放系统的近似和简化,是系统边界的相对明确。我们讨论开放系统和封闭系统的关键是正确认识系统的边界,正确认识系统属性的变化与外界环境之间的关系。

(5)按照认识程度的不同,可以将系统分为黑色系统、白色系统和灰色系统。

①黑色系统是指系统的输入与输出关系明确,但是对于系统内部的结构、层次关系、组成元素和实现机理却一无所知的系统。例如,对于非计算机专业人员来说,计算机系统就是黑色系统。

②白色系统是指系统与环境之间相互作用的关系明确,系统内部结构、元素和系统特性也明确的系统。黑色系统和白色系统的划分根据认知对象的不同而不同。例如,对于同一个管理信息系统,从用户角度分析属于黑色系统,用户只需要了解如何使用该系统,通过界面完成特定的操作即可,而不需要知道该系统是怎样设计、运行的。但是对于该系统的研发人员来说,他们对系统的运行过程非常了解,因此从研发人员的角度看,它又是一个白色系统。

③灰色系统是指对于输入与输出的关系以及实现过程只有部分认识的系统。例如,农业系统就是灰色系统,农业系统中物质循环和能量交换的信息都是不完全的;"人体"也是一个信息不完全的灰色系统,虽然人体的血压、脉搏、身高、体重等信息已知,但有更多的信息未知。在现实世界中,灰色系统是存在形式最多的一种,我们所面临和研究的大部分对象都是灰色系统。

(6)其他。

除了以上我们提到的系统分类的方法之外,其他还有很多种。例如,我国科学家钱学森院士结合系统的大小、复杂程度将系统分为简单系统和复杂系统,其中复杂系统又分为大系统和巨系统。钱学森院士很重视系统的开放性,认为系统的开放程度与系统的复杂程度成正比,即开放程度越高,系统越复杂,因此倡导研究开放的复杂巨系统。什么是开放的复杂巨系统?对于开放的复杂巨系统,钱学森教授认为其有以下四个特征:

①系统本身与系统周围的环境有物质、能量和信息的交换。由于有这些交换,所以是"开放的"。

②系统所包含的子系统很多,成千上万甚至上亿万,所以是"巨系统"。

③子系统的种类繁多,有几十、上百甚至几百种,所以是"复杂的"。

④开放的复杂巨系统从可观测的整体系统到子系统,有许多层次,中间的层次又不认识,甚至连有几个层次也不清楚。

二、系统科学的知识体系

系统科学是一门跨度很大的交叉学科,是在系统理论、管理科学、专业工程技术等基础上,通过兼收并蓄、知识融合及综合创新逐步形成的,需要社会科学、自然科学、数学、经济学、管理学、信息科学技术、环境科学技术等众多学科的综合应用。系统科学是并列于自然科学和社会科学的。系统科学所涉及的知识体系如图1-2所示。

在系统科学中,直接与改造客观世界的社会实践相联系的是一类新的工程技术,即系统工程、自动化技术和通信技术,这类工程技术的共同基础理论是信息论、运筹学和控制论,它们属技术科学层次的科学。系统科学也像自然科学一样有基础科学,主要由系统科学辩证法、方法论、认识论以及系统理论等组成了适应于一切系统的一般理论——系统学。钱学森教授认为,可以从系统学出发,通过系统观这座桥梁达到人类知识的最高概括,即马克思主义哲学。

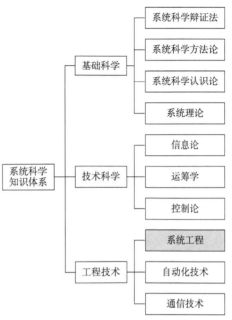

图1-2 系统科学的知识体系图

三、系统思想的发展历程

系统思想是系统科学方法论、认识论的基本指导思想,是系统思维方法,人类对它的认识经历了一个漫长的过程。

1. 系统思想的产生

在科学技术相当落后的古代,人们在与自然界做斗争的过程中自发地产生了一些朴素的系统思想。这些系统思想,在哲学上表现为把自然界当作一个统一的整体,强调自然界的统一性;在实践上表现为从事物之间相互联系的角度去观察和改造世界。亚里士多德在《工具篇》一书中曾指出,事物的生灭变化是由质料因、形式因、动力因、目的因引起的,质料表示事物的性质和内容,形式表示事物存在的方式或状态,动力表明事物在质料和形式之间不断转变或运动的力量,而目的则表明事物发展变化的目标状态或缘由。这就是著名的"四因论"。"四因论"实际上是一种最原始、最朴素的系统哲学,其基本命题——形式与质料的关系实质上是系统中整体和部分的关系。在哲学史上,亚里士多德是第一个把整体与部分的关系作为一个基本的哲学问题来加以探讨的人。在探讨过程中,他毫不掩饰其鲜明的整体论倾向,即把整体摆到第一位,并得出"整体大于它的各部分的总和"的论断。一般系统论的创始人贝塔朗菲把亚里士多德看成是系统思想的始祖。亚里士多德这种从整体出发,又不限于整体,再到部分的方法论,可以说达到了古代世界的最高水平,他的《工具篇》也成为古代系统思想的代表作。

在哲学方面,黑格尔的哲学体系中更是蕴含着丰富的系统思想:"世界是一个过程,为对立面的矛盾所控制。二者之间经历的矛盾会通过双方的综合而得到解决。"他认为部分依赖整体,脱离整体的部分就失去了它原有的性质和功能,整体和部分可以相互作用、相互渗透、互相转化。对事物的认识,不能只看该事物的本身,必须先认清与该事物有关系的周围一切其他事物,才能对该事物具备真的认知。

我国古代也有很多体现系统思想的经典之作,如被儒家称为"群经之首"的《易经》,它大约在新石器时代就诞生了,是中国进入文明社会的重要标志。《易经》是一种人工编码系统,也是最早运用系统论的典型。

又如,《黄帝内经》作为祖国传统医学的理论思想基础及精髓,开创了中医学独特的理论体系,标志着祖国医学由单纯地积累经验的阶段发展到了系统的理论总结阶段。《黄帝内经》把自然界和人体看成是由阴阳五行这五种要素相生相克、相互制约而组成的有秩序、有组织的整体,强调对疾病的诊断要综合分析,如一个人的肝脏出了问题,不要盲目地治疗肝脏,而要从其他与之相关的脏器着手,体现了系统的相关性。同时,中医把人体看成自然界的一部分,因此人的养生规律是与外界自然环境密切相关的,故有"天人相应"的医疗原则,主张把生理现象与自然现象相联系,提倡整体辨证施治的观点。

再如,《道德经》强调自然界的统一性,道既是事物之本原,又是事物的法则。天、地、人都是道的产物,道是天、地、人的主体,也是其运动必须遵循的规律和行动法则。在天、地、人体系之中,人的地位与天、地并列,人作为自然过程的参与者,在自然系统中扮演着自己的角色。道家的系统思想尤其是关于系统自发自组织思想受到国际上系统科学家的重视。

早期系统思想在我国的军事、天文等方面也有许多应用的实例,如《孙子兵法》对战争系统的各个层次、各个方面以及它们的内在联系等都进行了全面的分析和论述;古代天文学家根据天体运动与季节变化的关系,编制的历法和指导农事活动的二十四节气等,都在不同程度上反映了朴素的系统思想的自发应用。

在系统思想产生之初,系统思想本质上是整体论,虽然强调了对自然界的整体性和统一性的认识,强调了对对象的整体把握,但由于科学技术很不发达,尚缺乏对组成自然界这一整体的各个细节的认知能力,对自然界整体性和统一性的认识也是不完全、不深刻的。由于自然现象总的联系还不能从细节的认识上得到证实,所以往往只是一种直观甚至是主观的结果。例如,当时人们认为地球是宇宙的中心(地心说),这就是人们的主观意识。又如,人们认为较重物体的下坠速度会比较轻物体的下坠速度快,这个错误观点直到16世纪,意大利科学家伽利略从比萨塔上掷下两个不同重量相同体积的圆球实验才被推翻。这些都反映了当时人们对世界的认识是一种直观甚至主观的结果。正如恩格斯在《自然辩证法》中所描述的那样在希腊人那里,正因为他们还没有进步到对自然界的解剖、分析,自然界还被当作一个整体而从总的方面来观察,自然现象的总联系还没有在细节方面得到证明。形象地说,这个时期可以称为是"只见森林,不见树木"的时期。直到15世纪下半叶,近代自然科学的兴起才把自然界的细节从总的自然联系中抽出来,分门别类地加以研究。

2. 系统思想的发展

随着人类社会的发展和科学技术的进步,力学、天文学、物理学、化学、生物学等学科逐渐分离,使人们对自然界的各个层次、各个局部、各个细节、各个侧面以及层次、局部、细节、侧面之间的联系有了更深入的了解,大大加深了人类对客观世界的认识。此时,人们开始将系统地观察和实验同严密的逻辑体系相结合,逐渐用科学方法建立研究对象的数学模型。在这个时期,产生了一系列颇有影响的机械系统理论,最著名的系统理论有从"哥白尼革命"中诞生的日心系统理论,有产生于第一次科学大综合时代的力学体系理论,以及在此基础上形成的生命机器系统理论。

但那时的科学家只是把世界看成是一个机械的、可被分析的、线性的、被组织的系统,仍然没能使人类形成明确和完整的系统观念,还原论的思想占据了主导地位。当用还原论方法处理问题时,首先把对象从环境中分离出来,孤立地加以研究,然后把对象还原为部分,把高层次还原到低层次,用部分说明整体,用低层次说明高层次。这种方法的产生是由于人们在深入、细致地考察自然界细节的同时,由于学科越分越细,以致忽略了对整体的研究,进而造成"只见树木,不见森林"的状况,以对事物局部、较深刻地认识取代了对事物整体地认识,将局部简单叠加以说明整体的特性与行为,从而产生了认识上的片面性和局限性。这时候人们看问题的眼光是静止的、孤立的,形成了基于机械系统思想的、形而上学的思维方法。这种思维方法成了人类完整地认识整个客观世界的障碍,极大地影响了人类认识世界的进程。正如恩格斯所描述的,就是这些障碍堵塞了自己从了解部分到了解整体、到洞察普遍联系的道路。

这个时期值得一提的是莱布尼茨(CW. Leibniz),他反对简单地把有机体与机械等同起来,他把宇宙看作相互联系着的事物构成的具有充满秩序的"系统",认为"一切事物对每一事物的联系或适应,以及每一事物对一切事物的联系或适应,使每一单纯实体具有表现其他一切事物的关系,并且使它成为宇宙的一面永恒的活的镜子"。可见,莱布尼茨已经注意到了系统整体和系统要素之间的相互作用和联系。贝塔朗菲也对莱布尼茨给予了很高的评价,他认为:"系统概念作为系统哲学,我们可以追溯到莱布尼茨。"

3. 系统思想的成熟

随着科学的进一步发展,人类活动不断大型化和复杂化,出现了许多规模庞大、结构复杂的系统,如社会经济系统、生态系统等,还原论这种将整体的、复杂的问题还原为局部的、简单的问题加以解决的方法其实是割裂了事物局部之间的联系,无法还原事物的原貌。而解决一个复杂问题需要涉及方方面面的知识,甚至跨领域的知识,并且需要知识间的综合集成。这样,人们在更复杂的问题前开始感到束手无策。直到19世纪中叶,马克思、恩格斯在总结了一系列重大科学发现之后,创立了唯物辩证法,从哲学的角度阐明了系统思想的精髓,开始用一种全面、联系和发展的观点看问题,系统思想开始走向成熟,进入了"先见森林,再见树木"的时期。

辩证唯物主义认为,世界是由无数相互关联、相互依赖、相互制约和相互作用的过程所形成的统一整体,这种普遍联系和整体性的思想就是科学系统思想的实质。马克思和恩格斯在其著作中,多次从哲学的高度来明确使用系统概念和系统思想,如"系统""有机系统""总体""整体""过程的集合体"等概念。马克思和恩格斯相关系统理论的哲学表达方式大致分为四个方面:一是相互联系的宇宙体系;二是系统整体的自然观;三是运动形式和科学分类的系统层次;四是社会运动的系统理论。

19世纪末期以来,自然科学、社会科学的发展进一步推动了系统思想的形成,使系统思想和系统方法定量化、科学化,使之成为具有坚实的数学理论基础的,并且能够定量地处理系统各组成部分联系关系的科学方法,从而彻底改变了人们的思维方式,形成了系统论思想。正如钱学森认为的,系统论是还原论和整体论的辩证统一。整体论强调在研究系统时要从整体上把握对象,还原论主张把整体分解为部分去研究。还原论想象客观世界是既定的,存在一个由所谓"宇宙之砖"构成的基本层次,只要把研究对象还原到那个层次,搞清楚最小组分即"宇宙之砖"的性质,一切高层次的问题就迎刃而解了。对于比较简单的系统,这样的处理方法是有效的;但对于较复杂的系统,把对部分的认识累加起来的方法,本质上难以描述整体涌现性。越是复杂的系统,这种方法对整体涌现性越无效。现代科学表明许多宇宙奥秘源于整体的涌现性。还原论无法揭示这类宇宙奥秘,因为真正涌现性在整体被分解为部分时已不复存在。而社会实践越来越大型化、复杂化,特别是一系列全球问题的形成,也突出强调要从整体上认识和处理问题。可见,不还原到元素层次,不了解局部的精细结构,对系统整体的认识只能是直观的、笼统的、缺乏科学性的。没有整体观点,对事物的认识只能是零碎的,不能从整体上把握事物、解决问题。科学的态度是把还原论和整体论结合起来,用系统思维方法研究问题,把被研究对象当作一个整体,使局部目标服从于整体目标;从各部分的关联中探讨涌现的整体特性,从而正确地认识整体;同时,以整体与环境的关系为基础,在更高层次或更大整体上研究整体的演化、地位与作用。

随着近代计算机与信息技术的兴起和发展,为系统思想、系统方法的实际运用提供了强有力的工具,使系统思想在辩证唯物论中取得了哲学表达形式的同时又获得了数学表达形式和计算工具,从而形成了观念、理论、技术、方法、工具齐全的科学——系统科学。

四、系统理论

系统理论是横跨自然科学和社会科学两大领域,在哲学、社会科学、自然科学之间架起了相互贯通的桥梁,是一种高度综合的普遍化理论。

系统理论的起源最早是由贝塔朗菲在20世纪20年代提出的关于系统的一些基本概念,如整体观点、动态观点和等级观点,其在1945年正式发表的《关于一般系统论》标志着一般系统论问世。与此同时,香农(Claude Elwood Shannon)在1948年发表了《通信的数学理论》,"信息论"由此诞生。维纳(Norbert Wiener)也在1948年发表了《控制论》一书,标志着"控制论"的诞生。到了1954年,钱学森编写的《工程控制论》问世,则标志着工程控制论的出现。1969年,伊利亚·普利高津(I. Prigogine)在对从简单到复杂的、不断演化的矛盾探索中创立了耗散结构理论。到了20世纪70年代相继诞生了协同学[赫尔曼·哈肯(Harmann Haken),1971]、超循环理论[艾根(M. Eigen),1972]、突变论[托姆(Rene Thom),1972]、混沌学[约克(J. A. Yoke)和李天岩,1975]和分形理论[芒德布罗(Mandelbrot),1973]等一系列与系统理论相关的新理论。20世纪80年代以来,非线性科学和复杂性研究的兴起,对系统科学的发展起到了非常积极的推动作用。1984年在美国墨西哥州首府圣菲成立了以研究复杂性为宗旨的圣菲研究所(Sanra Fe Institute,SFI)。SFI提出的复杂自适应系统(Complex Adaptive System)给系统科学界带来一类新的复杂系统,特别对促进复杂性的研究影响极大。我国的钱学森教授也在其多年来对系统科学研究的基础上于20世纪80年代末提出了开放的复杂巨系统理论。下文将对几种重要的系统理论进行简单介绍。

1. 一般系统论

一般系统论源于生物学中的机体论,是在研究复杂的生命系统过程中诞生的。20世纪20年代美籍奥地利生物学家贝塔朗菲在对生物学的研究中发现,把生物分解得越多,反而会失去全貌,对生命的理解和认识反而越来越少。因此,贝塔朗菲开始了理论生物学的研究,提出了机体系统论的概念,后来他把"机体"这个术语改为"有组织的实体",用于解释社会现象和工程设施等事物,逐步形成了系统论的纲领。1945年贝塔朗菲《关于一般系统论》

的发表,成为系统论形成的标志。在这本书中,他提出了一系列重要观点,如系统的组成要素都不是杂乱无章的偶然堆积,而是按照一定的秩序和结构形成的有机整体;系统整体的功能不等于各组成部分的功能之和;系统整体具有不同于各组成部分的新性质或功能等,这些观点日后也成了系统科学的重要思想。

真正确立这门科学学术地位的是1968年贝塔朗菲发表的专著——《一般系统理论基础、发展和应用》(General System Theory: Foundations, Development, application),把系统作为科学研究的对象,系统、全面地阐述了动态的开放系统的理论。书中指出当代系统研究已出现了进一步普遍化倾向,不仅在生物学中,而且在行为科学和社会科学中,很多现象已能应用数学表达式和模型来进行描述,不同领域的系统在结构上的类似性是明显的。由于以往对系统的研究属于哲学观念的范围,未能成为科学,因此贝塔朗菲在创立一般系统论时强调它的科学性,指出一般系统论属于逻辑学和数学的领域,它的任务是确立适用于系统的一般原则。

一般系统论的主要观点如下:

(1)系统观点,即一切有机体都是一个整体(系统),这个整体是由部分结合而成的,其特性和功能不只是各部分特性和功能的简单相加。他认为系统是相互作用的诸要素的复合体,系统的特性取决于复合体内部特定的关系。要了解系统的特性,不仅要知道组成这个系统的要素,而且要知道系统的要素之间的相互关系。

(2)动态观点,即一切有机体本身都处于积极的运动状态,并与环境不断地进行物质能量的交换,以使有机体能够有组织地处于活动状态,并保持其有活力的生命运动。他把这种能与环境交换物质、能量的系统称为开放系统。生命系统本质上都是开放系统。任何一个开放系统都能在一定条件下保持其自身的动态稳定性。

(3)等级观点,即各种有机体都按严格的等级组织起来,并通过各层次逐级地组合,形成越来越高级、越来越庞大的系统。

(4)最佳观点,即最优化,这是系统论的出发点和最终目的。人们对系统进行研究和改造的最终目的是使系统发挥最优的功能。一个系统可能有多种组成方案,要选择最优的方案,使系统具有最优功能。例如,生产系统要求高产、优质、低成本、低消耗、高利润,具有多种目标。为了使生产系统具有最优的功能,必须将这些目标综合起来考虑,采用功能最优的方案,这就需要做出最优的设计、最优控制和最优管理。

一般系统论的建立使人们在研究复杂性问题时,从系统的观点来认识和分析客观事物,既不局限在"技术"领域,也不用纯数学理论来对待,沟通了自然科学与社会科学、技术科学与人文科学之间的联系,提出了研究各门学科的新的方法,使许多学科面貌焕然一新。一般系统论为系统思想的发展,使人类走向系统时代,奠定了理论基础。

2.耗散结构理论

耗散结构理论,即非平衡系统自组织的理论,其创始人是比利时物理学家普利高津教授,他认为,非平衡为有序之源,不可逆过程可导致一种新型物态,他把这种远离平衡态的、稳定的、有序的结构称为耗散结构,并于1969年首次提出耗散结构理论的论文《结构、耗散和生命》,用热力学和统计物理学的方法,研究耗散结构形成的条件、机理和规律,为贝塔朗菲的"一般系统论"的有序结构稳定性提供了严密的理论依据。由于对非平衡热力学尤其是建立耗散结构理论方面的贡献,普利高津荣获了1977年诺贝尔化学奖。

（1）什么是耗散结构？

耗散结构与平衡结构相对，以前人们只研究平衡系统的有序稳定结构，并认为系统不能在混乱无序的非平衡状态下呈现有序结构，但普里高津通过长期的研究后指出：远离平衡态的开放系统在外界条件变化达到某一阈值时，量变可能引起质变，系统通过与外界不断地交换能量和物质，自动产生一种自组织现象，组成系统的各子系统会形成一种互相协同的作用，可能使系统从原来的无序状态转变为一种稳定有序的结构，从而实现系统由无序向有序、由较低的有序向较高的有序转化，它是一种动态的稳定有序结构。下文列举两个典型的例子。

①贝纳德效应。

贝纳德效应由法国人贝纳德在1900年发现：在直径约10cm的圆形或边长10cm的方形金属盘内装黏性液体，液体深度在0.5~1mm。利用蒸汽从下面加热，液体上表面是开放的，与室内空气接触。当液体上下温差很小时，液体内仅有自下而上的热传导，而当温差达到某一临界值时，对流突然发生，并形成很有规律的对流花样，从上往下俯视，是许多像蜂房那样的正六角形格子，中心液体往上流，边缘液体往下流，或者相反。这是流体的一种宏观、有序的空间结构，是非平衡系统的自组织现象，被用于解释和说明耗散结构的物理图像。

②"化学钟"。

"化学钟"是一个化学振荡反应体系，首先在20世纪50年代由苏联的别洛索夫（Belousov）在研究三羧酸循环时发现，又称B-Z反应。在这里，反应液开始完全无色，然后它的颜色突然改变为琥珀色，接着又改变为无色（相当短暂），迅速又改变为蓝色，溶液的颜色就在琥珀色与蓝色之间振荡，并且所有这些改变都是以有规则的时间间隔发生，维持着一个恒定周期自动变化，因此被称为"化学钟"。这个"化学钟"反应虽然很早就被发现了，但它被早期科学家所厌恶，因为不是他们希望的平衡态。普利高津在《从混沌到有序》中指出，"化学钟"反应中的这些分子的自组织结构与平衡态物理学定律以及玻耳兹曼有序性原理存在着很大矛盾，是对传统化学的挑战。"化学钟"正是普利高津所提出的一种"耗散结构"，由此，耗散结构理论指出了化学发展的必然趋势——非平衡态化学。

（2）耗散结构的定义。

耗散结构可以定义为包含多基元、多组分、多层次的开放系统，其处于远离平衡态时，在涨落的触发下，从无序突变为有序而形成的一种时间、空间或时间-空间结构。

这个定义包含了耗散结构理论的几个主要观点：

①开放系统既是产生耗散结构的必要前提，也是耗散结构得以维持和存在的基础。

耗散结构实质上就是要通过与外界不断地交换物质、能量和信息来维持一种动态的有序结构。因此，要想产生并保持耗散结构，就必须为其创造开放的条件。例如，一座城市不断有人外出和进入，生产的产品和原料也要川流不息地运入及运出。这种与外界环境自由地进行物质、能量和信息交换的系统，就是开放系统。当这个开放系统中某个参量的变化达到一定阈值时，它就可能从原来无序的混乱状态，转变为一种在时间、空间和功能上的有序状态，即耗散结构。这可以是管理城市的一个新思路。

②非平衡态是系统的有序之源。

非平衡态即指"远离平衡态"，是相对于平衡态和近平衡态而言的。平衡态是指系统各处可测的宏观物理性质均匀,从而系统内部没有宏观不可逆过程的状态,它遵守热力学第一定律。近平衡态是指系统处于离平衡态不远的线性区,它遵守昂萨格倒易关系和最小熵产生原理。远离平衡态是指系统内可测的物理性质极不均匀的状态,这时其热力学行为与用最小熵产生原理所预言的行为相比,可能颇为不同,甚至实际上完全相反,正如耗散结构理论所指出的,系统走向一个高熵产生、宏观有序的状态。

③系统内部各个要素之间的非线性作用是系统产生耗散结构的内部动力学机制。

多基元、多组分、多层次的结构使得系统之间存在着错综复杂的相互作用。其中,尤其重要的作用就是子系统间的非线性相互作用,在临界点处,非线性机制放大,微涨落为巨涨落,使热力学分支失稳;当控制参数越过临界点时,非线性机制对涨落产生抑制作用,使系统稳定到新的耗散结构分支上。

④系统的涨落导致系统走向有序。

涨落是指系统的某个变量或某种行为对平均质的偏离。一个由大量子系统组成的系统,其可测的宏观量是众多子系统的统计平均效应的反映。但系统在每一时刻的实际测度并不是都精确地处于这些平均值上,而是或多或少有些偏差,这些偏差就叫作涨落。涨落是偶然的、杂乱无章的、随机的。例如,密闭容器内的气体,如果不受外界干扰,就会达到平衡态,这时,容器内各处气体的密度是均匀的,$\rho = m/v$,但这里的 ρ 是平均密度,因为大量气体分子在作无规则热运动,而且相互碰撞,可能某瞬间某处密度略微偏大,另一瞬时又略微偏小,密度在其平均值上下波动,即涨落。在正常情况下,由于热力学系统相对于其子系统来说非常大,这时涨落相对于平均值是很小的,即使偶尔有大的涨落也会立即被平衡掉,系统总要回到平均值附近,这些涨落不会对宏观的实际测量产生影响,因而可以被忽略掉。也就是说,在平衡态,涨落被平息,平衡得以维持。然而,在非平衡态,在临界点(阈值)附近,情况就大不相同了。这时涨落可能不会自生自灭,而是被不稳定的系统放大,最后促使系统达到新的宏观态。所以普利高津提出涨落导致有序的论断,它明确地说明了在非平衡系统具有了形成有序结构的宏观条件后,涨落对实现某种序所起的决定作用。

由此可见,平衡结构虽然稳定有序,但它是一种"死"结构,它不需要靠外界供应物质、能量来维持。而耗散结构是一种"活"的结构,它要不断地同外界交换物质能量来维持其有序状态。正是因为它要通过这种有序状态去耗散物质和能量,才被称为耗散结构。

耗散结构理论的提出推进了系统自组织理论的发展,对系统科学的发展有着重要的理论意义。在耗散结构理论出现之前,不同领域的科学家们注意到非生命系统通常服从热力学第二定律系统,总是自发地趋于平衡态和无序,系统的熵达到极大。系统自发地从有序转变到无序,而无序却决不会自发地转变到有序,这就是系统的不可逆性和平衡态的稳定性。但是,生命系统却相反,生物进化、社会发展总是由简单到复杂、由低级到高级,越来越有序。这类系统能够自发地形成稳定有序结构。两类系统之间似乎表现出截然不同的规律。致使有些科学家认为,两类系统有各自的规律,相互毫不相干。而耗散结构理论认为,热力学第二定律所揭示的是孤立系统在平衡态和近平衡态条件下的规律。但生命系统通常都是开放系统,并且远离平衡态,在这种情况下,系统通过与环境进行物质和能量的交换引进负熵流,尽管系统内部产生正熵,但总的熵在减少,在达到一定条件时,系统就有可能从原来的无序状态自发地转变为在时间、空间和功能上的有序状态,产生一种新的稳定的有序结构。耗散结构理论在不违背热力学第二定律的条件下,说明了生命系统和非生命系统都是由相同的系统规律所支配的。普利高津在其著作《探索复杂性》一书中指出:"复杂性不再仅仅属于生物学了,它正在进入物理学领域,似乎已经植根于自然法则之中。"既然人类社会也是远离平衡态的开放系统,那么诸如城镇交通、物流系统等社会经济问题就可以作为耗散结构理论应用的领域。

3. 协同学理论

协同学,是德国物理学家哈肯在20世纪70年代后期建立起来的一种非平衡系统论,它既是以研究不同学科间存在着的共同特征为目的的一门横断学科,也是许多学科综合形成的一门边缘学科。它借助耗散结构理论的研究成果,成功地解释了系统由简单到复杂、从低级到高级、由无序到有序稳定发展过程中最本质的东西,即协同作用。按协同学的观点,开放性是产生有序结构的必要条件,而非线性是产生有序结构的基础,只有协同性才是产生有序的直接原因。系统的主要特征是协同性,而层次性、结构稳定性、有序性都与协同性有关。

哈肯在《高等协同学》中这样描述协同学的任务:"协同学处理由许多子系统组成的系统。不同系统的子系统可以是性质十分不同的,如电子、原子、细胞、器官、动物及至人。协同学研究子系统是怎样合作以形成宏观尺度上的时间、空间和功能结构的。特别集中注意力于下述情况:这些结构以自组织的方式出现。我们将研究支配这些自组织过程的原理,而不问子系统的具体性质如何。"哈肯说,他之所以把这个学科称为协同学,一方面是由于我们所研究的对象是许多子系统的联合作用,以产生宏观尺度上的结构和功能;另一方面,它又是由许多不同的学科进行合作,来发现自组织系统的一般原理。哈肯认为,必须从形成非平衡有序结构的系统行为入手,建立共同的数学模型,并对其进行动力学和统计学两方面的考察,才能认识非平衡开放系统的稳定有序结构形成的条件、特征及其规律。

协同学理论的两个主要观点如下:

(1)协同导致有序。所谓协同,就是协同作用。协同学理论强调系统的协同效用,即在复杂大系统内,各子系统的协同行为产生的超越各要素自身的单独作用,从而形成整个系统的统一作用和联合作用。协同作用是形成系统有序结构的内部作用力,在这种作用下,系统能够自动地产生空间上、时间上和功能上的有序结构,出现新的稳定状态。

(2)自组织理论。所谓"自组织",哈肯特别强调的是系统在没有外部指令的条件下,其内部子系统之间能够按照某种规则自动形成一定的结构和功能,它具有内在性和自主性。自组织理论是协同学的核心,它反映了复杂大系统在演变过程中,是如何通过内部诸要素的自动协同来达到宏观有序状态的客观规律。

系统论的很多特性与原则都是从协同性的研究中获得解释的,系统的协同性是系统整体性的理论依据,它可以拓展到各种复杂系统,它说明整个自然界是由无限多个不同的物质形态组成的相互联系的统一体,根据统一性原则,认为可以利用已知系统揭示的规律性去认识和揭示未知的各种复杂系统的规律性。因此,在研究系统时,只需模拟一个已知的复杂系统的特征所得到的基本理论、规律、方法,就可将它推广到未知的复杂系统中去。系统的这种属性称为系统的规范性。因此,协同学在系统论创新过程中具有重大价值,它既为一个学科的成果推广到另一个学科提供了理论依据,也为人们从已知领域进入未知领域提供了有效手段。

同时,协同学提出系统必定走向有序结构,该结构就是系统的客观目标,不管从空间的哪一点开始,终归要走到这个代表有序结构的点,系统只有在此目标上才是稳定的,否则就不稳定,并且证明了不仅开放系统如此,封闭系统也如此;不仅平衡系统如此,即使非平衡态也如此。可见,哈肯的协同学理论比普里高津提出的耗散结构理论更前进了一步,其数学抽象性和普适性程度要高于耗散结构理论,它可推广应用于社会科学的研究范围,如舆论形成、人口动力学、投资模型、经济模型、经济系统的分析、社会管理以及战争与和平等问题,同时在现代经济管理、系统工程等方面的研究也越来越突显它的重要作用,成为系统科学的重要理论基础。

4. 复杂自适应系统理论

复杂自适应系统是计算机学家霍兰于1994年在圣菲研究所成立十周年时提出的认识和处理复杂系统的理论,该理论从系统复杂性的产生机制上彻底打破还原论的思维框架,为人类解决复杂系统问题提供了新的思路、方法和工具。

复杂性是复杂系统的行为特征,复杂系统与简单系统之间不仅仅是量的差别,更重要的是质的不同。美国科学家欧阳莹之(SY. Auyang)在他的专著《复杂系统理论基础》中提出,复杂系统研究,一般不关心系统组分由哪些物质组成,而只关心组分的功能、行为及组分间的相互关系;组分间发生关系的规则比较简单,但通过规则迭代性重复,会使系统整体产生复杂行为;复杂系统具有涌现性,组分之间的相互影响,会使整体产生特殊行为现象,同时整体的行为再反馈至各组分;由于组分之间的相互作用,即使复杂系统分解成为各个组分,也不能解释系统整体的行为。

复杂系统具有的特征使得传统的还原论方法已不再适用。为此,必须从复杂系统自身的特点出发,以系统方法论的哲学思想为指导,坚持既对立又统一的辩证法,对复杂系统中的组分与整体、整体与环境的相互作用和相互联系,通过整体的、辩证的分析与综合,才能把握住复杂系统演化过程的机理、条件、规律及整体涌现性。通常要求定性判断与定量计算相结合、微观分析和宏观综合相结合、还原论与整体论相结合、确定性与不确定性相结合、科学推理与哲学思辨相结合、计算机模拟与专家智能相结合。

至此,尽管人类经过研究解决了大量复杂系统的相关问题,但是对于复杂性从何而来却没有给出答案,甚至受还原论的影响,一度把复杂性的来源归于神秘的外来力量。复杂自适应系统理论致力于对复杂性的产生作出解释。这种理论打破了传统上认为复杂性来自系统外部的看法,转而从系统内部去寻找复杂性的来源。从研究系统的自组织现象开始把系统的组成单元看作是具有自身目的性和主动性的积极主体,正是这种主动性及其与环境的反复的相互作用,形成了系统发展和进化的基本动因。

复杂自适应系统理论认为系统的复杂性源于主体的适应性。为了解释这一基本思想,霍兰将组成系统的元素、部分或子系统均称为"具有适应性的主体"(Adaptive Agent),并指出主体是有自身目标和自身内部结构的,具有主动性、适应能力和生存动力的"活"的个体,其基本特征如下:

(1) 聚集。聚集指在一定条件下,在双方彼此接受时,通过"粘着"形成像独立个体一样的多主体的聚集体,这个聚集体在系统中可以像一个单独的个体那样行动。例如,许多从事创新工作的科技工作者聚集在一起形成创新团队。这种较小的、低层次的个体通过某种特定的方式结合成较大的、高层次的个体,常常是宏观形态发生变化的关键,如创新团队的集体智慧的发挥,而宏观形态的这种变化是无法用还原论的思想方法来理解和说明的。

(2)非线性。主体及其属性的变化、主体与其他主体、主体与系统及环境的交互作用均是非线性的,特别是在人和系统以及环境的反复交互作用中,表现得更加明显。复杂自适应系统理论认为,客体之间的相互影响不是简单的、被动的、单向的因果关系,而是主动的适应关系,而且以往的经验会影响未来的行为。正因为如此,复杂自适应系统的行为才可能是丰富多彩而难以预测的,系统的进化过程是曲折的。

(3)流。主体与其他主体、主体与系统及环境的交互作用均存在物质流、能量流和信息流,其中信息流的作用是很重要的。通过流的分析,使人们能够认识和理解复杂系统。

(4)多样性。由于主体的适应性,使主体间的差异不断地发展与扩大,最终分化,导致主体的多样化。这些个体在与环境和其他个体进行交互作用时,通过不断地"学习"或"积累经验",改变自身的结构和行为方式,以进一步适应环境,从整个系统来看,事实上就是一种分工。联系前面所说的聚集现象,就是系统在宏观层次上的结构的涌现,即自组织现象的出现。

霍兰进一步提出,每个主体均有其复杂的内部结构:均有互相识别与选择的标识;以主体为构件,系统整体的复杂性不是取决于构件的多少和构件本身的大小,而是取决于构件的重新组合方式。由此建立了刺激-反应模型,描述了主体的适应和学习过程:面对刺激,主体有足够多的、可存在矛盾或不一致的规则供选择,每一次选择都是一次学习,通过学习,修正或强化某些规则,就是积累,学习或积累将产生新的规则,即产生新的、合理的假设去进一步适应环境。

为了研究系统整体的复杂性,霍兰还建立了以进攻标识、防御标识和资源库为基本特征的主体的功能模型——回声模型,并利用圣菲研究所建立的软件平台——SWARM,通过模拟主体行为来确定整体行为特征,解决从微观到宏观的过渡问题。

复杂自适应系统理论采用人机结合、以机为主的方法解决复杂系统问题,是20世纪末系统科学研究的重大成果,对系统科学的发展具有划时代的作用。

第二节 物流系统

一、物流系统

物流,即"物的流通",是包含物质资材的废弃与还原,联结供给主体与需要主体,克服空间与时间距离,并且创造一部分形质效果的物理性经济活动。物流具体包括运输、保管、包装、装卸搬运、流通加工等活动以及有关的信息活动。物流本身就是系统,从系统的角度进一步来定义物流系统,物流系统是指在一定的时间和空间里,由所需位移的物资、包装设备、装卸搬运机械、运输工具、仓储设施、人员和通信联系等若干相互制约的要素所构成的具有特定功能的有机整体。

物流系统由采购系统、包装系统、运输系统、仓储系统、生产系统、流通加工系统、物流管理系统以及逆向物流系统等子系统组成,构成物流系统的这些子系统又包含下一层次的子系统。例如,运输系统是由水路运输系统、铁路运输系统、公路运输系统等子系统组成,同时,物流系统也是社会经济系统的一个子系统或组成要素,对整个社会经济系统的运行起着极其重要的作用。物流系统的各子系统之间相互联系、相互作用,形成众多功能模块和各级子系统,使整个系统呈现多层次结构,是一个复杂巨系统,体现固有的系统特征。

物流系统的目的是实现物流的空间和时间效用,在保证社会再生产顺利进行的前提条件下,实现各种物流环节的合理衔接,并取得最佳的经济效益。可见,物流系统是一个多目标系统,而且物流系统组成要素间存在非常强烈的悖反现象,要同时实现物流服务时间最短、质量最佳、成本最低这几个目标,几乎是不可能的。所谓最优的方案,实际上也只是相对的概念。例如,在仓储子系统中,为保证供应、方便生产,人们会提出储存物资的大数量、多品种问题;而为了加速资金周转、减少资金占用,人们又会提出降低库存的要求。这些相互矛盾的问题在物流系统中广泛存在,物流系统要在这些矛盾中运行,并尽可能满足人们的要求。

二、物流系统化

物流系统化是指将一定范围的物流活动视为一个大系统,运用系统学原理进行规划、设计、组织实施,从而能以最佳的结构、最好的配合,充分发挥系统功效,逐步实现物流合理化的过程。显然,物流系统不同设施设备构成的硬件系统与相应的组织结构、机制有一个配合问题,因此,需要系统方法进行整合。物流系统化就是对一体化物流运作与管理具体的方案构思、规划与实施,也是通过不断进取创造新服务、新工艺新技术、新材料、新方法、新组织和新机制的过程。

随着工业化发展的历程,物流系统正在从人工物流系统、机械化物流系统、自动化物流系统向集成化物流系统、智能化物流系统逐步发展,未来也必将在国民经济体系中扮演着越来越重要的角色。

1. 什么是系统?系统的特性有哪些?
2. 系统科学的知识体系是怎样的?
3. 通过系统思想发展历程的学习对你有哪些启发?
4. 一般系统论的主要论点有哪些?如何在物流系统中应用?
5. 耗散结构理论的主要论点有哪些?如何在物流系统中应用?
6. 协同理论的主要论点有哪些?如何在物流系统中应用?
7. 复杂自适应系统理论的主要论点有哪些?如何在物流系统中应用?
8. 怎样理解物流系统化?

第二章 系统工程及物流系统工程

第一节 系统工程

一、系统工程概述

1. 系统工程的定义

系统工程(System Engineering,SE)是一种应用技术,它是从系统的观点出发,采取定性与定量相结合的方法,从经济、技术、社会的角度来对一个大系统作优化分析和评价,以实现其综合最优化。它是国内外相关文献引用较多的几种关于系统工程的概念。

(1)美国军用标准 MIL-STD-499A,FM770-78 定义:系统工程是"对科学和工程成果的应用,以实现:①定义、分析、鉴定等过程。将作战上的需求转换成对系统性能参数和技术状态的描述。②综合过程。保证物理功能和计划的接口间具有相容性,以便优化整个系统的界限和设计方案。③将可靠性、维修性、人的因素和其他因素综合到整个工程成果中以达到费用、进度、技术性能方面的目标。"

(2)日本工业标准 JS 规定:系统工程是为了更好地达到系统目标,而对系统的构成要素、组织结构、信息流动和控制机制等进行分析与设计的技术。

(3)美国著名学者切斯纳(H. Chestnut)指出:系统工程认为虽然每个系统都是由许多不同的特殊功能部分组成,而这些功能部分之间又存在着相互关系,但是,每一系统都是完整的整体,每一个系统都要求有一个或若干个目标。系统工程则是按照各个目标进行权衡,全面求得最优解(或满意解)的方法,并使各组成部分能够最大限度地互相适应。

(4)日本学者三浦武雄指出:系统工程与其他工程学的不同之处在于它是跨越许多学科的科学,而且是填补这些学科边界空白的边缘科学。因为系统工程的目的是研究系统,而系统不仅涉及工程学的领域,还涉及社会、经济和政治等领域。为了圆满解决这些交叉领域的问题,除了需要某些纵向的专门技术以外,还要有一种技术从横向上把它们组织起来,这种横向技术就是系统工程。换句话说,系统工程就是研究系统所需的思想、技术、方法和理论等体系化的总称。

(5)我国著名科学家钱学森院士指出:系统工程是一门组织管理的技术,是组织管理系统的规划、研究、设计、制造、试验和使用的科学方法,是一种对所有系统都具有普遍意义的科学方法。

以上定义从系统工程的基本特点和任务方面阐明了系统工程的概念。当然还有许多其他类似的定义。值得注意的是,系统工程最突出的特点在于综合性,强调将各学科、各领域的技术和方法相互融合、相互渗透并综合应用,涉及各种数学方法、建模理论、优化、评价方法等。系统工程并不是创造或发现新理论、新定律,而是综合运用有关的科学技术来解决工程项目的"系统性问题"。什么是"系统性问题"?"系统性问题"是系统设计、开发、管理、控制的目的性、整体性、相关性、最优性、综合性和环境适应性问题。"系统性问题"是怎样产生的呢?因为,各工程领域一味地朝专业化、细分化方向发展,以产业化为中心的活动失去了总体的和谐,导致资源、能源、环境问题及大都市圈的交通问题等日益严重。这就要求我们针对研究对象,在系统辨识、系统设计、系统实施等各项工作中,明确系统的目标,从整体上正确认识系统自身、系统与要素、系统与环境之间的关系,全面地、多角度地考察系统,然后综合运用各种技术方法提出最优的解决方案。在方案优化的过程中,系统工程强调研究思路的整体化,既要把研究对象看作一个系统整体,也要把研究过程看作一个整体,时刻从整体出发,全面考察系统,运用各种相关科学的理论和方法进行系统分析,低成本、高效率地设计和实现系统整体的优化。

2. 系统工程与其他工程的区别

(1) 工程概念的不同。传统的工程概念是指制造"硬件"的技术过程,如把自然科学的原理和方法运用于设计和生产机床、电动机等,而系统工程的"工程"概念不仅包含"硬件"工程,而且包含与设计和制造"硬件"紧密相关的"软件"工程,如规划、计划、方案等。这就扩展了传统"工程"的含义,给"工程"赋予了新的内容。

(2) 研究对象的不同。一般工程都有其特定的研究对象,如物流工程研究的对象是物流、物流信息、交通工具、交通网;道路工程研究的对象是交通需求、道路网规划和道路建设等。而系统工程则是以"系统"为研究对象,不仅包括各种工程技术的物质研究对象,还包括社会系统、经济系统、管理系统等非物质研究对象。

(3) 研究方法的不同。作为一门独立的科学,系统工程有其独特的思想方法、理论基础、程序体系和方法论。它的思想方法被称为是"系统"方法,它是在对系统的概念、系统的基本构成及系统的各种形态进行深入研究的基础上,把研究对象作为一个整体系统来考虑,并按照整体最优的方法进行分析、设计、制造和使用。

3. 系统工程的典型事例

【例2-1】 都江堰工程

都江堰水利工程是由秦国蜀郡太守李冰及其子率众于公元前256年主持修建的,是全世界迄今为止,年代最久、唯一留存、以无坝引水为特征的宏大水利工程,是中国古代建设并使用至今的大型水利工程,被誉为"世界水利文化的鼻祖"。2200多年来,仍在使用,发挥着巨大的效益。

都江堰水利工程地处我国四川省成都平原西部都江堰市西侧的岷江之上。岷江是长江上游的一条较大的支流,发源于四川北部高山地区,古时每当春夏山洪暴发之时,江水奔腾而下,从都江堰市进入成都平原,由于河道狭窄,常常引起洪灾,洪水一退,又是沙石千里;都江堰市岷江东岸的玉垒山又阻碍江水东流,造成东旱西涝。都江堰水利工程建成之后,消除了水患,引水灌田,分洪减灾,使川西平原成为"水旱从人"的"天府之国"。

李冰当时决定在山丘和平原的分界点上建造都江堰,以锁住岷江的咽喉。考察了地形之后,李冰将都江堰的修建选在了岷江河流弯道处,依据弯道的水流规律,把江水引入都江堰工程的主体。都江堰水利工程示意图如图2-1所示。

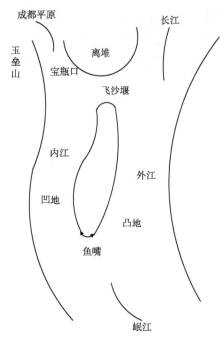

图 2-1 都江堰水利工程示意图

都江堰渠首枢纽主要由鱼嘴、飞沙堰、宝瓶口三大主体工程构成。三者有机配合，相互制约，协调运行，科学地解决了江水自动分流、自动排沙、控制进水流量等问题。

(1) 鱼嘴(分水堤)。鱼嘴是都江堰的分水工程，因其形如鱼嘴而得名，是用竹笼卵石堆砌的工程，即用竹片编成竹笼，然后就地取材，把大块的卵石放入笼中，用渡船运往江心。鱼嘴(分水堤)把岷江分成内外二江，西边称为外江，俗称"金马河"，是岷江正流，主要用于排洪；东边沿山脚的称为内江，是人工引水渠道，主要用于灌溉。平时6成水流向内江，4成水流向外江，以满足灌溉所需；当洪水到来时，根据弯道动力学原理，江水自动分流，变成4成水流向内江，6成水流向外江，达到分洪的作用。

此外，鱼嘴(分水堤)还可以实现排沙。内江处于凹地，外江处于凸地，根据弯道水流规律，表层水流流向凹地，底层水流流向凸地，这样，洪水到来时，大部分沙石都自动流向了外江。

可见，鱼嘴(分水堤)结合其建筑的地理位置，可以起到一次分洪和一次排沙的作用。

(2) 宝瓶口(节制闸)。宝瓶口是凿穿了玉垒山用以引水的位置。在无火药不能爆破的情况下，李冰以火烧石，再以水浇石，利用热胀冷缩的原理使岩石爆裂，大大加快了工程进度，历时8年，终于在玉垒山凿出了一个宽20m、高40m、长80m的山口，称为宝瓶口。宝瓶口起节制闸作用，能自动控制内江的进水量。留在宝瓶口右边的山丘，因其与山体相离，故名"离堆"。宝瓶口宽度和底高都有极严格地控制，古人在岩壁上刻了几十条分划，取名"水则"，那是我国最早的水位标尺。

(3) 飞沙堰(溢洪道)。鱼嘴的尾部称为飞沙堰，具有二次分洪和二次排沙的显著功能。

① 分洪。当内江的水量超过宝瓶口流量上限时，多余的水便从飞沙堰自行溢出；如遇特大洪水的非常情况，它还会自行溃堤，让大量江水回归岷江正流。

② 排沙。排沙，即"飞沙"，经过鱼嘴一次分沙之后，仍然有部分泥沙流向内江，这时河道利用江水直冲水底崖壁而产生的旋流冲力再度将泥沙从河道侧面的飞沙堰排走，洪水越大，排除率越高，最高达98%。

综上所述，都江堰各部分建造的地理位置及大小、高度都很重要，体现了系统各要素之间的协调配合。

都江堰工程建成之后，作为一个系统工程，李冰还定下了每年岁修的制度，"深淘滩，低作堰"是都江堰的治水名言。"深淘滩"是指每年利用枯水季节清理河床，清淤时要挖够深度，要深淘，李冰当时在宝瓶口前的河床底埋下了石马，后人又改为更为坚固的"卧铁"，岁修淘滩要淘到露出卧铁为止。"低作堰"是指飞沙堰要有一定高度，岁修时要调整飞沙堰的高度确保其既能排沙又能泄洪。

都江堰工程体现了非常完善的整体思想、优化思想和开放、发展的系统思想,既是世界上一项宏伟的水利工程,也是系统工程的典范之作。

【例2-2】 皇宫修复工程

宋真宗时,皇城(今河南开封)失火,宫殿烧毁。皇帝命大臣丁渭主持皇宫的修复工作,并限期完工。当时既无汽车、起重机,又无升降机、搅拌机,一切工作都只能靠人挑肩扛。最令丁渭头痛的是,京城内烧砖无土,盖房无建筑材料,还有大量的建筑废料不知该如何处理。经过反复考虑,丁渭提出了一套巧妙的施工方案:首先,把皇宫前面的一条大街挖成沟渠,用挖出来的土就地烧砖,就近就地解决了部分建筑材料的问题;其次,引水,将挖好的沟渠与开封附近的汴水接通,引水入渠,形成航道,使用最经济、有效的运输方式,运进砂石,保证工程的顺利进行;最后,等皇宫修复后,将水撤掉,再把碎砖废土填入沟中,修复大街。这项工程将烧砖、运送建筑材料及工程收尾、处理废物等四个环节巧妙地联系起来,节约了大量的人力、物力和时间,体现出了典型的系统工程思想。

【例2-3】 泰罗科学管理体系中的系统工程思想

在管理学方面,管理学家泰勒在20世纪初创建了科学管理理论体系,他的这套体系被人称为"泰勒制"。泰勒认为企业管理的根本目的在于提高劳动生产率,增加企业的利润或实现利润最大化。他在《科学管理》一书中说过:"科学管理如同节省劳动的机器一样,其目的在于提高每一单位劳动的产量"。这正是对系统目的性的提炼,同时体现了系统工程思想中的最优化原则。

泰勒科学管理体系强调优化生产中的每一个环节,对工人的操作方法、使用的工具、劳动和休息时间的搭配,甚至机器的安排和作业环境的布置等进行全面分析,把各种最好的因素结合起来,形成一种标准的作业条件。这都充分体现了系统工程中先分解再综合集成的思想。

技术革命带来的机器大工业的一个重要特征就是分工更为细密。与分工相对应,必须有协作的发展,才能最终完成生产过程。因此,泰勒在科学管理中提出了标准化管理的概念,对材料、产品等都规定了统一的标准,大大方便了不同生产部门之间的配合,这便是系统工程中的协同思想。

1895年泰勒提出了"差别计件制"的刺激性付酬制度。采用"差别计件制"的刺激性付酬制度,按照工人是否完成其定额而采取不同的工资率。如果工人达到或超过了定额,就按高工资率付酬,不仅超额部分按高工资率付酬,而且定额部分也按高工资率付酬。于是,工人的生产动力很足,生产积极性大大提高。

可见,在泰勒的科学管理中包含着丰富的系统工程思想,如最优化的思想、综合集成的思想、协同的思想及动力的思想等,所以人们把科学管理认为是系统工程的萌芽。

【例2-4】 中国载人航天工程实践

中国载人航天工程是中国航天领域迄今为止规模最庞大、系统最复杂、技术难度最高、质量可靠性和安全性要求最高、经费有限、极具风险性的一项跨世纪的国家重点工程,也是中国航天成功实施系统工程的典范。这项空前复杂的工程之所以能在比较短的时间里取得历史性突破离不开以下四个体系的构建:

(1)以专项管理为核心的组织管理体系。中国载人航天工程涉及政府、用户、承制方、配套方,处于一个关系复杂的大环境之中。为强化载人航天工程管理,国家有关机构设立了中国载人航天工程办公室,对载人航天进行专项管理,统筹协调工程110多家研制单位、3000多家协作配套和保障单位的有关工作,并设立了工程总指挥、总设计师两条指挥线,建立了总指挥、总设计师联席会议制度,以决策工程中的重要问题。

（2）以工程总体设计部为龙头的技术体系。其主要负责工作:科学制订总体方案,实施技术抓总与协调;统筹优化,确保7个分系统优化和整体优化;严格控制技术状态,确保整个研制过程符合技术要求。

（3）综合统筹的计划协调体系。在载人航天工程的研制过程中,针对多条战线并举、系统间相互交叉的局面,建立并充分使用综合统筹的计划协调体系。通过系统统筹和综合平衡,制订工程中长期目标规划、年度计划以及月、周、日计划的安排,使工程系统成为纵横有序、衔接紧密、运筹科学的有机整体。

（4）系统规范的质量管理体系。载人航天工程按任务分为研制、生产、测试、发射和回收五个方面;按承担层次分为系统、分系统、单机、原材料、元器件五个环节。各方面、各环节的质量责任同等重要,都关系到航天员的安全和任务成败。因此,按系统工程管理要求,采取了系统整机研制质量与协作配套产品质量并重,工程硬件产品与软件产品质量并重等做法,全面、全员、全过程抓质量;一抓"头头"（领导和管理机关）,二抓"源头"（元器件、原材料、设计和工艺）,将质量控制点落实到每一个系统、每一个单位、每一个工作岗位,明确责任,规范制度,层层把关。

上述四大体系的构建既继承了早期航天系统工程的经验,又总结了经济转型期的经验,对中国航天系统工程进行了创新和发展。正如中国航天科技集团公司科技委副主任郭宝柱在《中国航天系统工程探讨》(2003)一文中写的那样,"中国航天在载人火箭、人造卫星、宇宙飞船和导弹武器的研制实践中成功地发展形成了一套有效的系统工程方法。"我国自航天科技工业创建以来,管理体制历经调整变化,航天产品不断更新换代,而系统工程方法却是中国航天几十年管理实践不变的主旋律。

通过上述事例结合系统工程的定义,我们可以看到系统工程是怎样提出问题、归纳问题和解决问题的。首先,实例中有水利工程、建筑工程、管理工程、技术工程,也就是说,一般涉及的科学、技术、工程、生产、经济、管理等方面的比较复杂的事物,都可以作为系统工程来看待、来处理。其次,作为系统工程来看待和处理工程问题的核心关键就是把要研究和处理的事物看作是一个系统、一个整体,在此前提下,分析这个系统的各个组成部分及各个组成部分之间的关系,找出建立这个系统的各个组成部分间合理、协调关系的办法。系统性不仅表现在系统整体协调的关系上,还反映在处理工程的方法、步骤和程序上。

二、系统工程的产生及发展

1. 系统工程的产生

20世纪以来,随着科学技术的迅猛发展,人们面临着越来越复杂的大系统的组织、管理、协调、规划、预测和控制等问题。这些问题的特点是空间活动规模上越来越大、时间变化越来越快、层次结构越来越复杂、后果和影响越来越深远和广泛。要解决这样高度复杂的问题,人们迫切地需要一种全新的、能适应这种新情况的方法,这就是一种能够从系统的角度去观察、思索、分析和解决问题的方法,此时,信息科学和计算机的发展又大大提高了信息的收集、存储、传递和处理的能力,为实现科学的组织和管理提供了强有力的手段。系统工程正是在这种背景下,首先从军事和大型工程系统的研制中产生并逐渐发展起来。

早在1911年,泰勒提出科学管理概念的同时,就萌发了系统工程的概念。1945年,美国国防部和科学研究开发署与道格拉斯飞机公司签订了称为"兰德计划"的合同,为美国空军研究洲际战争形态提出了有关技术和设备的建议。20世纪50年代以后,兰德公司演变为一个非营利的咨询机构,创造了许多数学方法来分析复杂大系统,并借助计算机取得了不少显著的成果。兰德公司在积累多年的研究经验基础上创立的系统分析以及规划、计划预算编制法等得到了广泛应用,为现代系统工程学奠定了基础。

1947年和1951年,美国贝尔电话实验室分别建成了横跨美国东西部的微波通信网络TD-X和TD-2系统,并投入使用。在研制微波通信网的项目中,充分利用了当时的科学技术成就来规划和设计新系统,贝尔电话实验室于1951年正式把该方法命名为系统工程。

1957年美国密执安大学的古德(H. H. Goode)和马克尔(R. E. Machol)两位教授的专著《系统工程学》发表,正式宣告了系统工程学的诞生。1958年,美国海军特别计划局在"北极星"导弹核潜艇计划中首先采用了计划评审技术(Program Evaluation and Review Technique,PERT),有效地进行了导弹研究系统的计划管理,发展了控制工程进度的新方法,使"北极星"导弹提前两年研制成功,从而把系统工程方法推进到了管理领域。

1961年,美国开始实施阿波罗工程,在执行计划过程中自始至终地采用了系统分析、网络技术和计算机仿真技术,并把计划协调技术发展成随机协调技术。由于采用了成本估算和分析技术,这项史无前例的庞大工程基本上按预算完成。阿波罗工程的圆满成功使世界各国开始接受系统工程。

20世纪60年代初,美国电气工程师学会在科学与电子部门设立了系统科学委员会。在此期间,英、美两国还产生了大量系统工程方面的理论和方法。而计算机的推广与运用,又使系统工程进入了以计算机为主要工具、以现代控制论为基础的多变量最优控制阶段。1952年,延伯赫(J. Tinbergen)提出了适用于静态和平稳经济结构的线性镇定策略理论。1953年,塔斯庭(A. Tustin)首先采用自动控制理论的观点来解决经济问题。1954年,菲利普斯(A. W. Phillps)采用PD控制原理来改善经济政策的稳定性。20世纪50年代中期,西蒙(H. A. Simon)等研究了宏观经济的最优控制问题。1965年,霍尔(A. D. Hall)在《系统工程方法论》一书中进一步确定了系统工程的内容、方法和应用途径范围等问题。

2. 系统工程的发展

进入20世纪70年代以来,系统工程发展的趋势从工程应用领域继续向社会、经济、生态等方面扩展和发展,进入到解决各种复杂的社会-技术、社会-经济系统的最优控制、最优管理阶段。人们试图对世界范围内的资源、生态环境和经济发展模式等重大问题进行定量研究和预测,并构造了大量模型,诸如生存战略模型、发展新景世界模型、重建新秩序世界模型、人类发展目标世界模型等。1972年10月,苏联、美国、日本、法国、联邦德国等17国在奥地利维也纳成立了国际应用系统工程研究所,该所负责人是美国人,研究人员约80余人。在经济方面的主要建模方法有投入产出模型、计量经济模型、系统动力学模型和经济控制论模型等。1978年,在第4届国际控制论和系统大会上讨论了控制论和社会的关系。系统工

在西方因运筹学、数学建模和计算机仿真技术的进步获得飞速发展。

近年来，西方对系统工程本身的认识有了新的进展。国际系统工程委员会认为："系统工程是一种学科交叉的方法和手段，可以有效促进成功系统的实现。"它集成所有专家的智慧形成团队努力，形成有组织、有结构的开发程序，包括从概念到生产再到运作。系统工程考虑客户的商业和技术需求，提供高质量产品来满足使用者的需求。《NASA 系统工程手册》提出，系统工程是一种系统化、有序化方法，用于系统的设计、实现技术管理、运行和退役。它既是科学也是艺术，开发满足多重约束的系统功能。虽然该手册仍将系统工程集中于系统设计、产品实现和技术管理等方面，但也同时强调系统工程这门综合集成学科，需要建筑工程师、电力工程师、机械工程师、能源工程师、人性因素工程师和许多其他学科专家的贡献，他们彼此评估和平衡，通过争论，形成不被单一学科视角所统治的耦合整体。

2007 年，德克里·K 希金斯，出版了《系统工程——21 世纪系统方法论》，全书总结了西方系统科学和系统思想、系统方法论以及系统工程的发展，认为系统工程的本质就是，选择正确的要素组分，将这些相互作用、相互影响的组分，以正确的方式精心整合，使整体涌现出新的属性、功能和行为。在系统工程开展过程中，系统的组分和整体在环境中动态运行，它们是开放的、适应的，同时与环境中的其他系统相互作用影响。德克里·K 希金斯认为，世界上各行各业、各领域具备对创造更加完美系统的持续需求，系统工程方法是面对复杂问题、复杂系统的唯一合理的答案，它是提议、构建、设计、创造社会技术系统的重要方法，有特殊的方式、方法、手段，可以作为系统工程中的不同类别。

总体而言，西方现代系统工程思想立足于整体与部分、全局与局部及层次关系的总体协调，关注重点从线性系统到非线性系统再发展至复杂性系统，经历了从系统论、信息论、控制论到突变论、协同论、耗散结构理论，再到复杂性适应系统理论和复杂性科学的核心思想发展演变，同时吸收最优化分析、概率统计、运筹学等多种数理方法，汲取系统模拟、信息系统技术、网络技术等现代技术手段，将自然科学、社会科学中基础理论、策略、方法等进行综合集成、科学处理，用于指导人类实践中存在的复杂问题。

3. 系统工程在我国的应用和发展

20 世纪 60 年代，我国在进行导弹的研制过程中开始应用系统工程技术。1978 年，钱学森对中国导弹和航天事业的丰富实践进行了理论总结，在文汇报上发表了一篇题为《组织管理的技术——系统工程》的文章，标志着中国现代系统工程的萌芽。1979 年，钱学森在北京系统工程学术讨论会上发表了《大力发展系统工程，尽早建立系统科学的体系》，提出了现代科学技术体系。1980 年，中国系统工程学会在北京正式成立，团结了全国各方面的科学技术人员和管理人员，开展系统工程的科学研究，奠定了中国系统工程发展的组织基础。1982 年，钱学森理论总结了阶段性的成果，出版了《论系统工程》一书，国内有学者把其作为初步建立了有中国特色的系统工程理论的标志。1985 年，宋健、于景元出版了《人口控制论》，建立了人口系统的数学模型，掀起了社会系统工程的研究热潮。1986 年，系统学讨论班的创办，在国内学术界引起了强烈反响，为系统工程的进一步发展提供了"根据地"，大量的新思想、新观点开始涌现。

之后，在钱学森等人的倡导下，宋健、马宾、于景元、汪应洛、蒋正华等一大批学者开展了系统工程思想的广泛实践，如马宾、于景元等开展的"财政补贴、价格、工资综合研究"和"年度国民经济发展的政策模拟和经济形势分析",钱振英等主持的"三峡工程论证",宋健、于景元、蒋正华等开展的"中国人口问题的定量研究和应用",汪应洛等开展的"人才规划的系统分析",钱振业等开展的"中国载人航天发展战略研究",都是那个时期系统工程思想的典型实践,也在国内引起了强烈的反响。通过这些实践,加深了研究者对系统工程的理解和认识,形成了一些新的理论,总结出了一些解决系统工程问题的方法,也促进了系统工程的推广和发展。

1989年6月,在纽约召开的国际科学与技术交流大会授予钱学森"世界级科学和工程名人"称号和"小罗克韦尔奖章",表彰他的三大杰出贡献,其中之一就是研究与推广系统工程。随着中国系统工程研究的不断深入,中国系统工程学会于1994年加入国际系统研究联合(International Federation for Systems Research, IFSR)。2002—2003年,中国系统工程学会理事长顾基发研究员连续担任IFSR主席、副主席。

1997年1月,题为"开放的复杂巨系统的理论与实践"的第68次香山科学会议在北京举行,会议由宋健和戴汝为两位院士担任执行主席,此次会议加深了广大科技界人士对"开放的复杂巨系统"的认识。钱学森院士向会议送交了他的书面发言,参加讨论会的有11位院士和来自全国各地多个领域(如系统科学、数学、物理、生物、化学、计算机、软科学、军事、经济、气象、石油、化工、建筑、材料、认知科学、人工智能、社会科学、哲学等)的近50名专家学者,是一次学科跨度很大的、探讨21世纪科学发展的讨论会。钱学森院士在他的书面发言中,再次从科学方法论的高度论证了开放的复杂巨系统及其方法论的有效性。宋健院士做了题为"对系统科学的挑战"的综述报告,旁征博引,不仅从自然科学和社会科学等方面阐述了系统的开放性、复杂性以及系统规模大小对系统性质的巨大影响等极其具有挑战性的科学问题;还从社会科学方面进一步论述了开放性对于文明的延续和发展同样起着重要的作用。同时,他认为,研究开放的复杂巨系统还需要创新,中国人在系统学的研究上应该能够做出贡献。戴汝为院士做了题为"大成智慧工程(Meta Synthetic Engineering)"的评述报告,从一个更加宏大的范围、更加深刻的层次高度上论述了开放的复杂巨系统以及从定性到定量的综合集成方法论。清华大学赵玉芬院士和张钹院士、原建设部的周干峙院士、原化工部成思危研究员、石油大学葛家理教授分别做了题为"生命起源的有关问题""互联网发展中的开放的复杂巨系统""城市及其区域一个开放的特殊复杂的巨系统""论软科学研究中的综合集成方法""我国石油工业经营管理复杂系统理论及应用"的报告,讨论了开放的复杂巨系统在生命科学、计算机互联网、城市规划、决策支持、石油生产等方面的具体应用问题。此外,原国防科工委的王寿云研究员做了题为"综合集成法用于国防系统分析的一些进展"的报告,云南大学数学系的赵晓华教授做了题为"广义哈米尔顿系统理论及分叉与混沌"的报告。最后,戴汝为院士在总结发言中指出,我国对开放的复杂巨系统的研究是和整个世界的科学发展并驾齐驱的。尽管开放的复杂巨系统这门科学还要进一步发展和完善,但是提出这样一个科学思想是有远见卓识的、有重大战略意义的和具有中国自己特色的。通过此次大会,与会专家对开放的复杂巨系统及其方法论、研讨厅体系、大成智慧工程等都有了进一步地理解和更深入地认识,一致认为这是一个涉及基础理论、高新技术和有重大实际应用的新科学领域。

当前,系统工程在中国已被广泛谈及,中国的系统工程工作者有许多人参加了美国国家航空航天局(NASA)的研究工作,有许多人访问过美国的圣菲研究所,引进了他们的研究成果,包括一系列著作和SWARM软件等,在中国国内也已经多次举办(或承办)系统工程领域的国际学术交流会。30年来,我国系统科学与系统工程的研究和应用取得了重要成就,这为进一步发展系统工程打下了坚实的基础。

总的说来,系统工程是应实践的需要并以科技水平及人们的认识水平为条件而产生的。系统工程之所以日益受到各个国家、社会各个部门的重视,并非由于它具有独特的新理论,而是在于它的社会实践所带来的效益。系统工程的发展历史就是它在实践中被推广应用并不断取得成效的历史。

三、系统工程的研究学派

系统工程是以控制和优化系统为目的而开展的理论研究和工程实践,其概念最早由研究工程系统问题的技术人员正式提出。但由于系统工程的超领域性、开放性和整合性,有大量来自不同学科领域或针对不同系统对象的学者,从各自领域、学科背景和研究习惯出发,从不同的侧面,采用不同的方法,不断地参与系统工程研究与实践,推动了系统工程思想和系统工程实践的发展,从而产生了局部上各具特色的研究重点与认识,形成了系统工程研究的四种学派。

1. 技术传统的工程学派

这一学派以工程技术和控制论专家为主,吸收和运用大量工程技术、运筹方法,侧重于工程系统的创建、系统控制与优化。这种思想以霍尔三维结构模型等硬系统工程方法论为代表,并体现在钱学森早期著作《工程控制论》中,是西方系统工程正式成立的起源和现代系统工程发展的开端,曾经一度成为系统工程的主流学派。

2. 组织传统的管理学派

这一学派以组织管理人员为主,吸收大量科学管理、组织管理等理论方法,强调系统工程是组织管理技术,以及系统工程的管理特性和社会特性。这种思想以钱学森早期的航天系统管理实践和认识为代表,贯穿在发起于西方的项目管理、大型计划管理之中,是中国现代系统工程思想的起点。尤其以"曼哈顿计划"为代表,强调系统相对于社会环境的目标和实施过程。

3. 综合传统的系统分析学派

这一学派以大量复杂系统为对象,重视应用计算机仿真等量化手段进行系统分析,从而认识系统结构,调整系统关系,实现系统优化。在国外以圣塔菲研究院、国际应用系统分析研究院为代表,国内以航天系统科学与工程研究院、中国科学院系统数学与系统科学研究院等为代表。这一学派的研究者拥有广泛的专业基础,横跨自然、社会、工程技术等领域。随着系统科学的发展以及社会各领域的复杂特性日益增加,这一学派的阵容也在不断壮大。

4. 文化传统的人文学派

这一学派以一批与政治、法律和其他上层建筑领域活动有一定联系的专家为主,着眼于开放的复杂巨系统,尤其是社会系统的优化,强调综合集成和定性定量相结合地处理复杂巨系统问题,开展高层决策支持。这部分系统工程思想,以钱学森"开放的复杂巨系统理论"和"综合集成研讨厅"为代表,从政治、经济、文化等角度开展社会系统工程的研究,主要侧重于关心社会的总体发展平衡。例如,宋健教授领导的有关"人口定量研究及其应用",就综合考虑了人口系统的动态特性和稳定性、人口的理想结构、人口的预报和发展过程的最优控制等,这些研究为政府制定人口政策、人口规划提供了定量的科学依据。

四、系统工程的相关学科

1. 运筹学

运筹学是应用分析、试验、量化的方法,在有限的人力资源、资金资源、物质资源下对经济管理系统进行统筹安排,为决策者提供有充分依据的最优方案,以实现其最有效的管理。运筹学往往运用模型化的方法,将一个已确定研究范围的现实问题,按提出的预期目标,将现实问题中的主要因素及各种限制条件之间的因果关系、逻辑关系建立数学模型,通过模型求解来寻求最优方案。

由系统科学体系我们可以知道,运筹学和系统工程是既有联系又有区别的两类不同层次的科学。我们可以这样来理解这两类学科:

(1)运筹学是从系统工程中提炼出来的基础理论,属于技术科学;系统工程是运筹学的实践内容,属工程技术。

(2)运筹学在国外被称为狭义系统工程,与国内的运筹学内涵不同,它解决具体的"战术问题";系统工程侧重于研究战略性的"全局问题"。

(3)运筹学只对已有系统进行优化;系统工程从系统规划设计开始就运用优化的思想。

(4)运筹学是系统工程的数学理论,是实现系统工程实践的计算手段,是为系统工程服务的;系统工程是方法论,侧重于概念、原则、方法的研究,只把运筹学作为手段和工具使用。

常用的运筹学方法有数学规划、动态规划、排队论、决策论和对策论等。

(1)数学规划。

数学规划是在某一组约束条件下寻求目标函数极值问题的一种方法,如果约束条件用一组线性等式或不等式表示,如目标函数是线性函数时,就是线性规划。线性规划是求解这类问题的理论和方法,它在企业经营管理、生产计划的安排、人员物资的分配、运输计划的编制等方面有广泛的应用,是目前理论上比较成熟、实践中应用较广的一种运筹学方法。如果在所考虑的数学规划问题中,约束条件或目标函数不完全是线性的,则称为非线性规划。在实践工作中所遇到的大量问题一般都是非线性问题,因此,非线性规划比线性规划更准确、更严密、更加接近真实性。随着科学的发展和电子计算机的普及,非线性规划将越来越重要。

(2)动态规划。

动态规划是在动态条件下解决多阶段决策过程最优化的一种数学方法。它可使多维或多级问题变成一串每级只有一个变量的单级问题,适用于解决多阶段的生产规划、运输及经营决策等问题。

(3)排队论。

排队论主要研究排队现象的统计规律性,并用于指导服务系统的最优设计和最优经营策略,又称为随机服务系统理论。在这种服务系统中,服务对象何时到达和它们占用系统的时间长短事先都无从确知,这是一种随机聚散现象。通过对每个个别的随机服务现象统计规律的研究，找出反映这些随机现象平均特性的规律，从而在保证较好经营效益的前提下改进服务系统的工作能力。

(4) 决策论。

决策论运用于经营决策。它是根据系统的状态、可选取的策略以及选取这些策略对系统所产生的后果等对系统进行综合的研究，以便选取最优决策的一种方法。

(5) 对策论。

对策论又称博弈论，是研究竞争现象的数学理论与方法。最早产生于第二次世界大战，用于军事对抗，后来扩展到各种竞争性活动。在竞争性活动中，由于竞争各方有各自不同的目标和利益，它们必须研究对手可能采取的各种行动方案，并力争制订和选择对自己最有利的行动方案。对策论就是研究竞争中是否存在最有利的方案及如何寻找该方案的数学理论与方法。

当前，我们面临的系统越来越大、越来越复杂，不断地由简单的、"结构良好"的问题向复杂的、"结构不良"的问题推进，此时运筹学的局限性也逐步暴露出来，主要表现在四个方面：①面对"结构不良"的复杂问题，单纯地依靠数学模型很难解决问题；②由于分支较细，容易将人们引入方法导向的误区；③系统的状态、发展与演化受各种因素影响，其中很多因素当前很难准确定量，使运筹学方法的应用受到限制；④追求最优解的思想是正确的，但复杂系统在实践中往往不存在最优解，寻求次优解或满意解、寻求对系统的改善往往是更重要的。

鉴于运筹学存在的片面性，国内外学者进行了深入的研究，提出了运筹学软化的思想。西方出现了软运筹学和硬运筹学的概念。其中，硬运筹学主要研究结构清楚、目的明确的问题，使用的理性工具是为进行定量描述而引入的数学模型，追求的是最优解；而软运筹学研究的是议题，即在社会过程中人们不断构建的、本身存在争议的问题，使用的理性工具除了数学模型之外，还包括为厘清思路而引入的概念模型，追求的是满意解或可行且满意的行动方案。

2. 技术经济学

技术经济学是一门跨自然科学和社会科学，同时研究技术与经济两个方面的交叉学科。它是用经济的观点分析、评价系统技术上的问题，研究技术工作的经济效益，为制订系统的技术政策、确定系统的技术措施、选择系统的技术方案提供科学的决策依据。

3. 管理科学

管理成为科学是在20世纪初形成的。1911年，泰勒在总结了他几十年管理经验和管理理论的基础上，出版了《科学管理原理》一书，从而开创了科学管理的新阶段。其后，法约尔（法国）、韦伯（德国）、甘特（美国）、吉布尔雷斯夫妇（美国）、福特（美国）等人的有关管理的理论为科学管理的发展、巩固和提高作出了杰出的贡献。

第二次世界大战以后，由于运筹学、工业工程以及质量管理等理论的出现和应用，形成了新的管理科学，它强调建立数学模型和利用计算机技术，从而为实现现代化管理提供了技术、方法和工具。与此同时，还出现了其他一些现代管理理论，如社会系统理论、系统管理理论、权变理论、管理过程理论等。这些新的理论的形成使管理从"科学管理"阶段逐步地过渡到"管理科学"的阶段。

管理科学的形成促进了系统工程的进一步发展，而系统工程思想和方法在现代化管理中的渗透和应用又必须在管理科学的基础上才能实现。

4. 信息与计算机科学

信息与计算机科学是以信息领域为背景,数学与计算机信息管理相结合的交叉学科。它是在良好的数学基础之上,熟练地使用计算机从事科学研究,设计开发有关软件,以解决实际问题。

总之,如果说系统学是为科学地、大规模地改造世界提供基础理论的话,运筹学、技术经济学、管理科学、信息与计算机科学则是为科学地、大规模地改造世界提供一般的最优化方法、科学的管理工具,而系统工程则是从宏观的角度为科学地、大规模地改造世界提供组织管理技术和方法。

五、系统工程的前景展望

1. 跨学科融合

21世纪科学技术的发展趋势是各学科的综合交叉。这将从整体上更深入地认识事物的客观规律。突出体现这个趋势的是系统科学的发展。系统工程本身就是跨学科研究的成果,学科交叉是系统工程的基本特征,目前的系统理论也都是以另一门科学为基础建立起来的。例如,贝塔朗菲的一般系统论、艾根的超循环理论以生物学为基础;普里高津的耗散结构理论、哈肯的协同学以物理学为基础;托姆的突变论、廖山寿的动力系统理论以数学为基础。

科学研究在各个领域的发展是相辅相成的,在新世纪知识经济迅猛发展的大环境中,各个领域科学技术的新成果都为系统工程的发展提供了科学素材,系统工程学科将更多地吸收其他学科的理论和方法而得到丰富和发展。中国科学院中国现代研究中心的何传启分析了人类的前五次科技革命,从科技需求的角度,猜想了第六次科技革命的内容,认为第六次科技革命将是信息科技、生命科技和纳米科技的交叉融合,并主要发生在三大学科的结合部。可以预见,系统工程接下来将会大有用武之地,并且自身也将得到极大发展。

2. 大数据等新一代信息技术将给系统工程注入新的活力

近年来,大数据等新一代信息技术对系统工程的研究与实践影响深刻而广泛,为系统工程的发展注入了新的活力。我们知道,系统工程所要解决的问题面临着数据越来越多、结构化程度越来越低、环境影响及要素关系越来越复杂的趋势,而大数据具有的大量(Volume)、高速(Velocity)、多样化(Variety)、真实性(Veracity)、有潜在价值(Value)等特点,有可能实现更加全面、直观、理性地对复杂系统问题进行分析、预测、评估、决策和实施管理,因此,大数据对系统工程的影响将会是基础性和输入性的。现代数据管理系统及大数据分析处理的流程和方法,特别是大数据处理的基础性方法,显得越来越重要;大数据条件下追求的不是随机样本,而是全体数据,这样,简单因果关系极有可能会被复杂相关关系所取代;这些都将带来系统分析方法的改进,在原有的预测分析、优化分析、仿真建模及仿真分析、系统评价等系统分析方法的基础上,网络建模分析(含社会网络计算)、大数据建模分析(含数据挖掘)、物联网环境下数据驱动的在线优化与动态决策等基于大数据的新的系统分析方法也应运而生。从其与复杂性科学的关系来看,大数据为复杂性科学的技术实现提供了平台和路径,大数据分析有可能成为复杂系统规律挖掘与行为预测的有效方法,数据驱动的复杂系统研究前景广阔。

六、系统工程方法论

系统工程方法论是在系统论的指导下研究系统工程方法的一门学问,是一套以系统思想为指导,旨在提高、改善和解决系统问题的效率及有效性的原则和步骤。中国科学院系统科学所顾基发教授将系统工程方法论的发展分为三个阶段:硬系统工程方法论阶段、软系统方法论阶段和东方系统方法论阶段。其中,"从定性到定量的综合集成方法"和"WSR 系统方法论"成为东方系统工程方法论的典型代表,下文分别进行简要论述。

1. 硬系统工程方法论

20 世纪 60 年代以来,国内外许多学者对系统工程的方法进行了大量的研究,其中论证得比较全面、具有一定代表性、影响较大的是美国贝尔电话研究中心的霍尔在 1962 年提出的"霍尔三维结构方法论",它的出现,为解决大型复杂系统的规划、组织、管理问题提供了一种统一的思想方法,在 20 世纪 60 年代期间取得了巨大成就,在世界各国得到了广泛应用。霍尔三维结构是将系统工程整个活动过程分为前后紧密衔接的七个阶段(时间维)和七个步骤(逻辑维),同时考虑了为完成这些阶段和步骤所需要的各种专业知识和技能(知识维)。这样,就形成了由时间维、逻辑维和知识维所组成的三维空间结构,形象地描述了系统工程研究的框架,如图 2-2 所示。

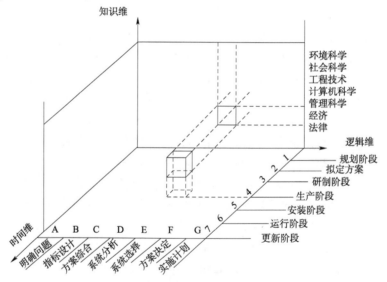

图 2-2 霍尔的三维结构体系图

(1)时间维。时间维表示系统工程活动从开始到结束按时间顺序排列的全过程,分为规划阶段、拟订方案、研制阶段、生产阶段、安装阶段、运行阶段、更新阶段七个阶段。

①规划阶段:制订系统工程活动的规划和战略。

②拟订方案:提出具体的系统计划方案。

③研制阶段:实现系统的研制方案,并制订生产计划。

④生产阶段:生产出系统的构件及整个系统,并提出安装计划。

⑤安装阶段:实现系统的安装,并完成系统的运行计划。

⑥运行阶段:系统按照预期的用途服务。

⑦更新阶段：取消旧系统，代之以新系统，或改进原系统，使之更有效地进行工作。

（2）逻辑维。逻辑维指时间维的每一个阶段内所要进行的工作内容和应该遵循的思维程序，包括明确问题、指标设计、方案综合、系统分析、系统选择、方案决定、实施计划七个逻辑步骤。

①明确问题：弄清问题的实质。通过尽可能全面地搜集有关资料和数据说明问题的历史、现状和发展趋势，从而为解决目标问题提供可靠依据。

②指标设计：弄清并提出为解决问题所需要达到的目标，并设计出具体的评价指标，以利于衡量所有可供选择的系统方案。

③方案综合：按照问题的性质及系统总的功能要求，形成一组可供选择的方案，明确各个方案所对应的系统的结构和相应的参数。

④系统分析：对备选方案从系统的目的、环境、结构、费用、效益等方面进行充分的论证与分析，为方案的选择提供科学、可靠的依据。

⑤系统选择：系统最优化，从备选方案中找出最优者。在一定的限制条件下，当评价目标只有一个定量的指标，而且备选的方案个数不多时，容易从中确定最优者。但当备选方案数很多，评价目标有多个，而且彼此之间又有矛盾时，要选出一个对所有指标都最优的方案是不可能的，此时可以使用多目标优化方法来进行评价，确定各个方案的优劣次序。

⑥方案决定：由决策者选择一个或多个方案实施试行。

⑦实施计划：在实施过程中，如果进行得比较顺利，可对试行计划略加修改和完善，并将它们确定下来，以保证顺利地进入系统工程的下一个阶段；如果问题较多，就有必要回到所述逻辑步骤中从认为需要的一步开始重新做起，然后再决策、实施，这种反复有时会出现多次。

表2-1是将系统工程的七个逻辑步骤和七个工作阶段归纳在一起，列成表格，称为系统工程活动矩阵，其中a_{ij}表示系统工程的一组具体活动，如a_{25}指在拟订方案阶段进行系统选择活动。

系统工程活动矩阵表　　　　表2-1

逻辑维＼时间维	明确问题	指标设计	方案综合	系统分析	系统选择	方案决定	实施计划
规划阶段	a_{11}	a_{12}	a_{13}	a_{14}	a_{15}	a_{16}	a_{17}
拟订方案	a_{21}	a_{22}	a_{23}	a_{24}	a_{25}	a_{26}	a_{27}
研制阶段	a_{31}	a_{32}	a_{33}	a_{34}	a_{35}	a_{36}	a_{37}
生产阶段	a_{41}	a_{42}	a_{43}	a_{44}	a_{45}	a_{46}	a_{47}
安装阶段	a_{51}	a_{52}	a_{53}	a_{54}	a_{55}	a_{56}	a_{57}
运行阶段	a_{61}	a_{62}	a_{63}	a_{64}	a_{65}	a_{66}	a_{67}
更新阶段	a_{71}	a_{72}	a_{73}	a_{74}	a_{75}	a_{76}	a_{77}

（3）知识维。知识维列举了需要运用的包括工程、医学、建筑、商业、法律、管理、社会科学、艺术等各种知识和技能。这些知识和技能是上述各个阶段、各个逻辑步骤所必需的知识，我们需要用系统的方法有效地获取并对其进行开发、利用、规划和控制，从而更好地实现系统工程的目标。根据知识管理的理念，知识维的应用过程一般划分为以下七个阶段：

①知识辨识阶段:根据系统工程的总体目标要求,制定知识来源战略,划定知识管理范围,辨识知识。

②获取知识阶段:将现存知识(信息库、文件或人脑中)正式化。

③知识选择阶段:评估知识及其价值,去除相互冲突的知识。

④储存知识阶段:通过适当、有效的方式储存所选择的知识。

⑤知识共享阶段:将正确的知识传输给每一个阶段的使用者。

⑥知识使用阶段:在各个阶段的工作中使用知识。

⑦知识创新阶段:通过科研、实验和创造性思维发现新知识。

总结一下,硬系统工程方法论的核心内容是系统分析与系统优化;采用方法多为定量分析方法,解决"结构化问题";适用于目标明确的工程问题,用于寻求各种战术问题的最优策略或用于组织管理大型工程建设项目。这类问题的目前状态及期望达到的未来状态是明确的或可以确定的,系统工程人员所要做的工作就是选择合适的方案使目前状态顺利转化为期望的未来状态。

2. 软系统工程方法论

20世纪40—60年代期间,系统工程主要用于寻求工程领域问题的最优策略、组织管理大型工程项目等,硬系统工程方法论取得了巨大成功。随着应用领域不断扩大,进入20世纪70年代以来,系统工程越来越多地用于研究社会经济的发展战略和组织管理问题,涉及的人、信息和社会等因素相当复杂,使得系统工程的对象软化,其中的许多因素又难以量化。这样一来,硬系统工程方法论就显现出它的局限性:

(1)硬系统工程方法论认为在问题研究开始时定义目标是很容易的,因此,没有为目标定义提供有效的方法。但对于大多数系统管理问题来说,目标定义本身就是需要解决的首要问题。

(2)硬系统工程方法论没有考虑系统中人的主观因素,把系统中的人与其他物质因素等同起来,忽视了人对现实的主观认识。

(3)硬系统工程方法论认为只有建立教学模型才能科学地解决问题,但是对于复杂的社会系统来说,建立精确的数学模型往往是不现实的,即使勉强建立了数学模型,也会因为建模者对问题认识不足而不能很好地反映其特性,因此通过模型求解得到的方案往往并不能解决实际问题。

从20世纪70年代中期开始,许多学者在"霍尔三维结构方法论"的基础上加以发展和创新,进一步提出了各种软系统工程方法论。其中,以20世纪80年代中前期英国兰切斯特大学切克兰德教授(P. Checkland)提出的方法比较系统且具有代表性。切克兰德有着多年与传统的硬系统工程方法论打交道的工作经验,他目睹了此类方法技术在处理复杂问题尤其是包含有社会因素的问题时是如何的无能为力。因此,切克兰德致力于寻找解决复杂的社会性问题的有效方法。他认为对社会系统的认识离不开人的主观意识,社会系统是人的主观构造的产物。因此,软系统工程方法论旨在提供一套系统方法,使得在系统内各成员间开展自由的、开放的讨论乃至辩论,从而使各种观念充分表现,在此基础上达成对系统进行改进的方案。因此,切克兰德将工程系统工程要解决的问题叫作"问题",而将社会系统工程要解决的问题叫作"议题"(有争议的问题)。他认为,前者可用数学模型寻求最优解,后者则是寻求满意解。

可见,软系统问题的目标不够明确、评价指标不够清楚、目标能否达到取决于人的主观因素,只要人们感到涉及的问题已经解决,或者有所改善,或者对问题有了进一步的理解,就可以认为已经达到了目标。其解决问题的步骤如下:

(1)问题现状说明。说明现状,目的是改善现状。这一阶段主要是非结构化问题描述。

(2)确定问题的相关因素。弄清楚与改善现状有关的各种因素及相互关联的情况。

(3)建立概念模型。概念模型是描述问题相关因素的最小活动集,不涉及实际系统的构成,它不是实际中正在运行的系统的重复和描述。例如,将大学定义为进行高等教育和科学研究的系统,那么据此建立的概念模型只应包含与高等教育和科研直接相关的活动,其他(如初等教育、商业活动等)就应排除在外。据此建立的模型有利于摆脱现实的局限性,使人们可以进一步理解问题情境,以便改善系统功能。

(4)改善概念模型。根据系统思想、系统理论对所建立的概念模型进行分析,提出改进的方案、意见和思路。

(5)概念模型与现实系统的比较。将改进的概念模型与当前的系统进行比较,目的是要发现两者之间的不同之处及产生的原因,以便进一步改进。

(6)系统更新。在以上分析的基础上,根据可能性与需要确定系统需要做哪些调整、改进和变化,并具体实施。

切克兰德方法论的出发点是,社会经济系统这类软系统中的问题往往很难像工程技术系统中的问题那样,事先将目标、条件给定清楚,因而,也就难以按照价值系统的评价准则设计出符合这种目的的最优系统方案。所以,切克兰德方法的核心不是"最优化",而是"比较",或者说是学习。从模型和现状的比较中来学习改善现状的途径。"比较"这一步骤,含有组织讨论、听取各方面有关人员意见的意思,从而就不一定非要进行定量分析,而要采取定量与定性相结合的分析方法,这就能更好地反映软系统的特点。

3.从定性到定量的综合集成方法

从定性到定量的综合集成方法是钱学森在长期的系统工程实践中提出的一种研究开放的复杂巨系统的方法论,是钱学森系统思维和系统思想在方法论上的具体体现。

综合集成方法作为科学方法论,其理论基础是思维科学,方法基础是系统科学与数学科学,技术基础是以计算机为主的现代信息技术,实践基础是系统工程应用,哲学基础是马克思主义认识论和实践论。综合集成方法的实质就是把专家体系、数据和信息体系以及计算机体系有机结合起来,构成一个高度智能化的人机结合、人网结合的体系,包括定性综合集成、定性定量相结合综合集成和从定性到定量综合集成三个过程,即从定性综合集成提出经验性判断,到人机结合的定性定量相结合综合集成得到定量描述,再到从定性到定量综合集成获得科学结论。这三个过程不是截然分开的,而是循环反复、逐次逼近的。它的成功应用就在于发挥这个体系的综合优势、整体优势和智能优势,把人的思维、思维的成果、人的经验、人的知识、人的智慧以及各种情报、资料和信息统统集成起来,以人类积累的全部知识为基础,在整个现代科学知识体系中作大跨度的跳跃,集大成,得智慧,产生新思想、新知识、新方法,钱学森将其称为大成智慧。

综合集成方法吸收了还原论方法和整体论方法的长处,同时弥补了各自的局限性,它是还原论方法与整体论方法的辩证统一,既超越了还原论方法,又发展了整体论方法。它有方法论层次上和工程技术层次上两种综合集成方法。

方法论层次的综合集成就是要把经验与理论、定性与定量、人与机、微观与宏观、还原论与整体论辩证地统一起来,其基本步骤和要点如下:

(1)直接诉诸实践经验,特别是专家的经验、感受和判断力,把这些经验、知识和现代科学提供的理论知识结合起来。

(2)专家的经验是局部的,多半是定性的,要通过建模、计算把这些定性的经验和各种观测数据、统计资料结合起来,使局部定性的知识达到整体定量的认识。

(3)把人与计算机结合起来,充分利用知识工程、专家系统和计算机的优点,同时发挥人脑的洞察力和形象思维能力,取长补短,产生出更高的智慧。

工程技术层次的综合集成方法,其基本步骤和要点如下:

(1)一个实际问题提出来后,研究者首先要充分收集有关的信息资料,调用有关方面的统计数据,作为开展研究工作的基础性准备。这些数据资料中包含系统定性、定量特征的信息,没有它们就不可能使关于系统的局部定性认识经过综合集成形成关于系统的整体定量认识。

(2)研究者请各方面有关专家对系统的状态、特性、运行机制等进行分析研究,明确问题的症结所在,对系统的可能行为走向及解决问题的途径做出定性判断,形成经验性假设,明确系统的状态变量、环境变量、控制变量和输出变量,确定系统建模思想。

(3)以经验性假设为前提,充分运用现有的理论知识,把系统的结构、功能、行为、特性、输入输出关系定量地表示出来,作为系统的数学模型,以便用模型研究部分地代替对实际系统的研究。

(4)依据数学模型把有关的数据、信息输入计算机,对系统行为做仿真模拟试验,通过试验,获得关于系统特性和行为走向的定量数据资料。

(5)组织专家群体对计算机仿真试验的结果进行分析评价,对系统模型的有效性进行检验,以便进一步挖掘和收集专家的经验、直觉、判断,甚至"即景生情"式的见解。所谓"即景生情"式的见解,常常是专家面对仿真试验结果时被诱导出来和明确起来的。如果再运用虚拟现实技术,可能会有意想不到的效果。

(6)依据专家的新见解、新判断,对系统模型做出修改,调整有关参数,然后再上机做仿真模拟试验,再将新的试验结果交给专家群体分析、评价,根据新一轮的专家意见和判断再次修改模型,再做仿真模拟试验,请专家群体分析、评价,如此反复循环,直到计算机仿真模拟试验结果与专家意见基本吻合为止。最后得到的数学模型就是符合实际系统的理论描述,从这种模型中得出的结论将是可信。

综合集成方法还在不断发展中,也必将显示出它越来越重要的作用。

4. WSR 系统方法论

WSR 系统方法论,即物理-事理-人理系统方法论,是一种东方系统方法论,它是顾基发教授于 1994 年在英国 Hull 大学时与英国的朱志昌共同提出的,在国内外已经得到一定的公认,成为解决复杂问题的有效工具。WSR 系统方法论包括物理、事理、人理三个方面,其核心是在处理复杂系统问题时,既要考虑对象的物的方面(物理,W),又要考虑这些物如何被优化运用的事的方面(事理,S),同时,还要突出人的作用(人理,R),达到知物理、明事理、通人理,利用人的理性思维的逻辑性和形象思维的综合性与创造性,去组织实践活动,从而系统、完整、分层次地对复杂问题进行研究。

物理是象征本体论的客观存在,包括物质及其组织结构;物理是阐述自然客观现象和客观存在的定律、规则;物理是指物质运动和技术作用的一般规律,是一种客观存在,不以人的意志为转移;物理是指管理过程和管理对象中可以且应该由自然科学、工程技术描述和处理的层面。系统工程研究者和实践者需要具备自然科学知识,如果不明物理,不懂得客观物质世界,不了解系统的功能、结构,就难以对研究对象进行科学的分析,所提出的建议可能会违背客观实际,违背自然规律,其实施后果不堪设想。所以,系统工程研究者要熟悉研究对象,了解系统的自然属性,向自然科学工作者学习,了解研究对象所涉及的专业知识。

事理是人们办成、办好事情应遵循的道理、规律;事理是指方法,帮助人们基于客观存在有效处理事务的方法;事理是指管理者介入和执行管理事务的方式和规律,包括如何感知、看待、认识、思考、描述和组织管理对象和管理过程。系统工程研究者和实践者要掌握管理科学和系统科学的知识,研究如何开展工作,把握各种处理研究对象的方法,选择最适合的方法去处理研究对象;要提升系统工程工作者有关事理方面的能力,要领会不同系统工程方法的精华,尤其是掌握自然辩证法和处理复杂系统的基本观点。

人理是关注、协调系统中所有团体相互之间的主观关系,包括顾客、权力当局、组织者、专家、潜在建设单位(业主)、使用者、操作者、受益和受损者;人理是基于心理学、社会学、组织行为学,结合文化、传统、价值、观念等,把人组织在一起有效地开展工作的方法;人理主要研究管理过程中管理主体之间相互沟通、学习、调整、谈判等技巧。系统工程工作者要掌握人文知识、行为科学方面的知识,要通晓问题处理过程中人们之间的相互关系及其变化过程,理顺、协调这种关系,按照人们可接受的事理去实现项目的预定目标。

WSR系统方法论有一套工作步骤,用于指导人们开展系统工程的实践。

(1)理解意图。

这与霍尔系统工程方法论中逻辑思维中的明确问题含义相近。在进行任何工作之前,都需要先明确要解决的问题,理解决策者的意图。明确问题、理解意图至关重要,它是解决问题的起点和基础。在多数情况下,决策者对要解决的问题或系统的愿望可能是清晰的,也可能是相当模糊的,这就需要沟通和协调,因为决策者们各自站在不同的角度,对问题、愿望等有不同的理解,需要分析者理解他们的意图,同时也需理解相关人员的意图。只有理解了决策者们的意图,才能有效地开展系统工程活动。

(2)调查分析。

调查是系统工程活动的重要组成部分,调查分析深入程度直接影响到后续过程的开展。调查分析是一个物理分析过程,任何结论只有在深入、仔细地分析之后才可能得出。开展调查分析,要协调好与被调查者关系,争取被调查者(专家、广大群众)的积极配合,且对调查得到的资料、信息进行必要的处理。

(3)形成目标。

作为一个复杂的问题,一开始时对于问题能解决到什么程度,决策者和系统工程工作者往往都不是很清楚。在领会和理解决策者的意图以及进行调查分析、取得相关信息后,进行系统目标的确定,形成目标。这些目标可能与当初决策者的意图不完全一致,同时在以后进行大量分析和进一步考虑后,可能还会有所改变。所以需要协调,使形成的目标达到共识。

(4)建立模型。

这里所指的模型是比较广义的,除数学模型外,还可以是物理模型、概念模型、运作程序、运行规则等。建立的模型应与相关领域的人员讨论、协商,在协商的基础上形成。在这一阶段,可能开展的工作是设计与选择相应的方法、模型、步骤和规则来对目标进行分析处理,这个过程主要是运用物理和事理。

(5)提出建议。

运用模型进行分析、比较、计算各种条件、环境、方案之后,可以得到解决问题的初步建议。要使所提出的建议可行,使相关主体尽可能满意,相对其他阶段来说更加重要,所以系统工程工作者在模型分析的基础上,要协调综合决策者和相关利益者对所提建议的看法,最后还要让决策者从更高层次去综合和权衡,以决定是否采用。这里的建议一词是模糊的,有时还包含实施的内容,主要看项目的性质和目标设定的程度。

(6)实施方案。

将上述建议付诸实施,在实施过程中也需要与相关主体进行沟通,以取得满意的效果。

值得注意的是,在进行上述六个步骤的工作时都将面临关系协调问题,这是因为在处理问题时,不同的人拥有的知识不同、立场不同、利益不同、价值观不同、认知不同,对同一个问题、同一个目标、同一个方案往往会有不同的看法和感受,因此需要协调。同时,相关主体在协调关系层面都应有平等的权利,在表达各自的意见方面也有平等的发言权,包括做什么、怎么做、谁去做、什么标准、什么程序、为何目的等议题。从理解意图到提出建议,每一个阶段,一般会出现一些新的关注点和议题,可能开展的工作就是相关主体的认知、利益协调。协调关系体现了东方方法论的特色。

第二节 物流系统工程

一、物流系统工程的含义

物流系统是指在一定的时间和空间内,由所需位移的物资、运输设施设备、装卸搬运机械、包装设备、仓储设施、人员和信息系统等若干要素所构成的具有特定功能的有机整体。物流系统的目的是实现物流的空间和时间效用,在保证人民生活需求和社会再生产顺利进行的前提条件下,实现各种物流环节的合理衔接,并取得最佳经济效益。物流系统是社会经济系统的一个子系统或组成要素。物流系统具有规模庞大、结构复杂、目标众多等大系统所具有的特征。

物流系统工程以物流系统为研究对象,从物流系统的整体出发,运用系统工程的理论和方法,把物流和信息流结合起来,把生产、流通和消费全过程看作一个整体,优化物流系统中的各个环节,运用系统工程的理论和方法进行物流系统的分析、预测、建模、仿真、规划、评价、决策、管理和控制,选择最优方案,用最低的物流费用、最高的物流效率、最好的顾客服务,达到提高社会经济效益和企业经济效益目的的综合性组织管理活动。我们可以从三个方面来理解：一是从方法论的角度，将其理解为从系统工程的角度研究物流；二是从工学角度，将其界定为从工程的角度研究物流系统的控制与实现；三是从管理学的角度定义为从物流系统的整体出发，进行综合组织管理活动过程。

二、物流系统工程的内容

物流系统是典型的复杂巨系统，物流系统的组织管理需要系统工程。物流系统工程的内容覆盖面很广，主要包括物流系统分析、物流系统预测、物流系统对策、物流系统评价、物流系统优化和物流系统模拟。

物流系统分析：包括物流系统分析的原则、组成要素、物流系统结构分析等。

物流系统预测：包括物流系统预测的含义和作用、常用的定性预测方法和定量预测方法等。

物流系统对策：包括物流系统对策现象、对策模型、二人零和对策问题的求解方法等。

物流系统评价：包括物流系统评价的原则、步骤、系统综合评价的特性、层次分析法等。

物流系统优化：讨论一种物流系统的优化控制方法——网络图优化。

物流系统模拟：讨论一种物流系统模拟的方法——蒙特卡罗模拟法。

注：由于书中所讲的各种系统工程的理论、方法既适用于物流系统，也适用于其他一切系统，因此，我们在后面章节的讲述中很多地方就不再刻意加上"物流"的抬头，但还是会有很多以物流系统为例的分析内容。

1. 什么是系统工程？系统工程与一般工程的区别是什么？
2. 系统工程在我国的应用与发展如何？
3. 简述系统工程与运筹学的联系和区别。
4. 怎样理解硬系统工程方法论与软系统工程方法论的不同？
5. 如何从方法论层次和工程技术层次上理解从定性到定量的综合集成方法？
6. WSR 系统方法论主要内容是什么？
7. 简述系统工程在物流系统中的作用。

第三章 物流系统分析

第一节 系统分析概述

系统分析(System Analysis)是指利用系统科学原理,针对已有系统进行研究、探索,从中找出规律的具体方法。它的应用范围已从早期的军事系统扩展到企业经营管理系统中,被企业用作经营管理的决策工具。特别是随着应用数学的发展与深化以及大容量、高速运算的电子计算机的出现,使系统分析发展到一个新的水平,目前它的应用范围仍在继续扩大之中。

系统分析不仅是系统工程解决问题过程中的一个环节,更是其中的核心内容。在系统工程产生和发展的过程中,系统分析一直起着至关重要的作用。首先,随着系统分析等方法技术的产生、发展,系统工程才得到不断的发展和进步。其次,系统分析方法的研究推动了系统工程方法的研究和发展,系统分析在系统思想、方法步骤及具体问题处理的方式、方法上,都对系统工程产生了直接的影响。再次,系统工程在处理和解决问题的过程中,首先要进行系统分析,再进行具体的操作处理,即自上而下、逐步深入,从一般的分析方法到具体的领域问题的处理解决。可见,应用系统工程解决问题离不开系统分析,系统分析要解决战略性、方向性的关键问题。最后系统分析与系统工程、系统管理有关专业知识和技术相结合,综合运用于解决各个专业领域中的规划、设计和管理等问题。

一、系统分析的概念

系统分析是系统工程活动的主要内容。系统分析的概念有广义和狭义之分。广义的系统分析是把系统分析等同于系统工程。狭义的系统分析是把系统分析看作系统工程的一个重要组成部分,即一个在系统工程处理大型复杂系统的规划、计划、研制和营运问题时必须经过的逻辑步骤。系统分析又称为系统逻辑设计。也可以说,系统分析是指在系统总体规划的指导下,对系统进行详细、深入的调查研究,将各个系统分解成各个组成部分,然后确定新系统的逻辑模型的过程。

概括地说,20世纪50年代,学者们认为系统分析是运筹学的扩展;20世纪60年代,学者们进一步认为系统分析是一种研究方法,有其本身的内容,可通过目标、可行方案集、模型、效应和评价准则等连成一体,由数学模型和计算机实现,处理较大规模的事件或问题;到20世纪70年代,学者们认为系统分析与决策相联系,能解决层次较高、难度较大的大系统问题;20世纪80年代,学者们认为系统分析不仅可以解决多层次、大规模的复杂系统问题,而且考虑以人为中心的系统行为;进入21世纪,学者们更强调系统分析是运用建模及预测、优化、仿真、评价等技术对系统进行定性与定量相结合的综合分析。

二、系统分析的原则

系统是由多个要素组成的,系统内各要素存在着相互作用和相互依存的关系。系统又处于动态发展中,具有输入和输出的流动过程。这样,整个系统内部与外部环境要发生联系和交换,由于涉及面广,而且错综复杂,进行系统分析时,必须处理好各种关系。

系统分析要遵循四项最基本的原则,即内部因素与外部条件相结合、当前利益与长远利益相结合、局部效益与总体效益相结合以及定性分析与定量分析相结合的原则。

1. 内部因素与外部条件相结合

我们在对系统进行分析时,注重内部因素与外部条件的结合,只有将内、外部各种相关因素结合起来综合考虑,才能实现系统的最优化。

例如,企业的物流系统,不仅受到企业内部各种因素(如企业生产规模、产品技术特征、职工文化技术水平、管理制度与管理组织、企业文化建设等)的作用,还受到社会经济动向及市场状况等外部条件的影响。

2. 当前利益与长远利益相结合

系统的最优化既包含空间上的整体最优,也包含时间上的全程最优。在进行方案的优选时,既要考虑当前利益,也要考虑长远利益。最为理想的状况是所采取的方案对当前利益和长远利益都有利。但如果某方案对当前不利,但有益于长远的发展,那就需要通过全面分析再做结论。一般来讲,只有兼顾当前利益和长远利益的系统才是好的系统。如果两者发生矛盾,应该坚持当前利益服从长远利益的原则。

3. 局部效益与总体效益相结合

效益背反是系统常见的现象,在物流系统中更是如此。在系统分析的过程中常会发现,子系统的效益与总系统的整体效益并不总是一致的。有时候,从子系统的局部效益来看是经济的,但系统的整体效益并不理想,局部利益与总体利益相冲突。系统总体的最优有时要求某些子系统放弃最优而实现次优或从次优。当进行系统分析时,必须全面考虑总体与局部、局部与局部之间的关系,坚持"系统总体效益最优,局部效益服从总体效益"的原则。

4. 定性分析与定量分析相结合

系统分析不仅需要进行定量的分析,还需要进行定性的分析。系统分析的过程应当遵循"定性—定量—定性"的顺序进行往复循环。不了解系统各方面的性质,就不可能建立起系统定量关系的数学模型。定性和定量二者结合起来综合分析,才有可能达到优化的目的。

三、系统分析的组成要素

在所遇到的实际问题中,我们接触到的系统都处于不断的动态变化之中,而且系统所处的环境都各不相同。即使是同一系统,由于不同的阶段所要分析的目的不同,所采用的方法和手段也不相同。因此,要找出技术上先进、经济上合理的最佳系统,系统分析时必须要先确定系统当前组成要素具体是什么,进而分析其功能、结构、演化规律等,从而达到分析的要求。

美国兰德公司曾对系统分析的方法论做过如下概述:①期望达到的目标;②分析达到期

望目标所需要的技术与设备;③分析达到期望目标的各种方案所需要的资源和费用;④根据分析,找出目标、技术设备、资源环境等因素间的相互关系,建立各种方案的数学模型;⑤以方案的费用多少和效果优劣为准则,依次排队,寻找最优方案。后来,兰德公司又进一步把这五条归纳并补充为系统分析的七个基本要素,如图3-1所示。

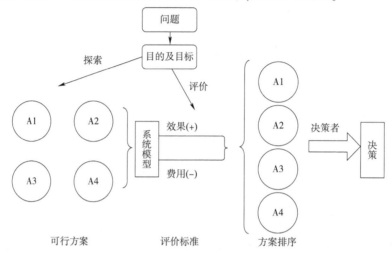

图3-1 系统分析结构图

1. 问题

在系统分析中,问题包含以下两个方面:

(1)研究的对象或称对象系统,需要系统分析人员和决策者共同探讨与问题有关的要素及其关联状况,恰当地定义问题。

(2)问题表示,现实系统与目标系统的偏差,为系统改进方案提供线索。例如,美国阿拉斯加北海岸的 Prudhoe Bay 盛产原油,而为了平衡美国不同地区原油供应上的偏差,我们就要解决将阿拉斯加北海岸的 Prudhoe Bay 盛产的原油运输到美国本土的问题。又如,运筹学中目标规划就是应用这一思想,解决系统实际目标函数与预期指定目标值的偏差问题,从而得到系统的满意解。

2. 目的及目标

目的是对系统的总要求,具有整体性和唯一性。目的是系统存在的根源,是建立系统的根据,是系统分析的出发点。

目标是系统目的具体化,目标具有从属性和多样性。目标是系统所希望达到的结果或完成的任务。如果没有目标,方案将无法确定;如果对目标不明确,就匆忙地作出决策,就很可能导致失败。

在对某一系统进行分析时,首先要明确系统所要达到的目的,明确系统的若干个子目标,并说明这些确定的目标是有根据、可行的。一般来说,系统的目的具有多重属性,可以用若干个具体目标来表达。就 Prudhoe Bay 的例子来说,其目的是高效地将阿拉斯加盛产的原油运送到美国本土,那么为了完成这一目的,不仅要满足每天运送 200 万桶原油的目标,还要克服北极圈长年处于冰封状态等环境的阻力。对于系统所要达到的目的一般是一个反复分析的过程,可以用反馈控制法,逐步地明确问题,选择手段,确定目标。

对于系统分析人员来说,首先要对系统的目的和要求进行全面的了解和分析,确定目标是有必要的(即为什么要做这样的目标选择)、有根据的(即要拿出确定目标的背景资料和各个角度的论证和论据)和可行的(即在资源、资金、人力、技术、环境、时间等方面是有保证的),因为系统的目的和目标既是建立系统的根据,又是系统的出发点。系统分析要解决问题的"5W2H"见表3-1。"5W2H"又称七何分析法,既是一种思考方法,也是一种创造技法,对所要讨论的问题,首先要定下几个方向,依次进行探讨,这样容易找到线索。

"5W2H"(七何分析法) 表3-1

项 目	提 问
目的(Why)	为什么要研究该问题?目的或希望的状态是什么?
对象(What)	研究什么问题?对象系统的要素是什么?
地点(Where)	使用的场所在哪里?系统的边界和环境如何?
时间(When)	分析的是什么时候的情况?
人员(Who)	决策者、行动者、所有者等关键主体是谁?
方法(How)	如何实现系统的目标状态?
费用(How much)	表示做到什么程度,数量如何,费用产出如何?

3. 可行方案(备选方案)

备选方案也称可行方案,是系统分析中初步拟定的可供选择的方案,它是系统分析的基础。在拟定的多个备选方案中进行好与坏、优与劣的对比分析是系统分析的重要步骤。

为了从组织上保证系统分析中有多种方案备选,很多机构都成立常设的咨询系统,专门拟定和设计各种备选方案,供分析选择用。

对于简单的问题,可以很快地设想出几个备选方案。这些方案的内容一般比较简单。但对于复杂的问题,就很难立即设计出包括细节在内的备选方案,一般要分成两个步骤:第一步先提出轮廓设想,第二步再进行精确的设计计算。

轮廓设想是从不同的角度和途径提出各种方案的构想,为系统分析人员提供尽可能多的思路。这一步的关键问题在于发散思维、大胆创新。拟定的备选方案能否创新,取决于分析人员是否具备坚实的知识基础和创新能力,有没有敢于冲破思维定式与环境压力的精神。在组织工作中要鼓励拟订方案的人员打消顾虑,发挥出创新能力。轮廓设想的好处在于可以暂时避开细节,减少对创新、设想的束缚。这一步所得到的方案是相对粗略的,需要进一步精心设计之后才有实用价值。

【例3-1】 圆珠笔在书写时,笔头上的小珠子与纸张之间不停地摩擦,珠子逐渐变小。书写一段时间后,油墨下降的速度就会过快。到一定程度后被迫弃用时,笔芯中往往还剩有不少油墨尚未用完。解决这类磨损问题的一般思路是提高珠子的耐磨性。但是,要改善珠子的质量,就意味着成本的增加。而圆珠笔之所以得到广泛的使用,主要原因之一就在于它的低成本、低价格。因此,对于这一问题的解决需要转换思路。有人提出一个方案:根据笔头小珠子的摩擦寿命,估计出所耗费的油墨用量,按此用量在笔芯中注入油墨。当小珠子的磨损接近极限时,笔芯中的油墨差不多正好用完。该设计获得专利,为市场广泛接受。

精心设计主要包括两项工作：一是确定方案的细节，二是估计方案的实施结果。方案的细节不确定出来，就无法付诸实施；不估计方案的实施结果，方案的好坏就无法判断，最优选择也就无法进行。方案的细节究竟应该包括哪些内容，很难确定出一份不变的清单，需要根据问题的本身进行具体分析。例如，一项新的工程项目的方案，其细节主要包括物资条件、人力条件、运输条件、厂址选择、工艺选择、工程费用、投资效益、管理制度和工程进展阶段划分等。如果是设立一个新的组织机构的方案，那就需要详细地确定人员编制、组织层次、干部来源、工作职责、规章制度等。方案实施结果的估计需要通过预测得出。预测是否准确，既取决于过去的经验和资料是否丰富，又与所采用的预测技术有关。预测的结果及其准确度与系统分析有着密切的关系。

4. 系统模型

模型用于描述对象和过程某一(些)方面的本质属性，它是对客观世界的抽象描述。模型可将复杂的问题简化为易于处理的形式，并可以在决策之前，预测它的结果。所以说，模型是系统分析的主要工具。

使用模型的意义在于它能摆脱现实的复杂现象，不受现实中非本质因素的约束。模型比现实容易理解，便于操作、试验、模拟和优化。特别是改变模型中的一些参数值，比在现实问题中去改变要容易得多，这样就可以节省大量的人力、物力、财力和时间。

系统模型既反映着实际系统的主要特征，又高于实际系统而具有同类问题的共性。因此，一个适用的系统模型应该具有以下三个特征：

(1) 它是现实系统的抽象或模仿。

(2) 它是由反映系统本质或特征的主要因素构成的。

(3) 它集中体现了这些主要因素之间的关系。

模型是在现实问题的基础上建立起来的，如果把全部因素都包括进去，甚至和实际情况一样复杂，那就很难运用。因此，模型既要反映系统的实质要素，又要尽量做到简单、经济和实用。

5. 费用和效果

(1) 费用。

费用用于反映实现系统目标所需消耗的全部资源(如资金、劳动力、材料、能源等)的价值，可用货币表示。这里的费用是广义的，包括失去的机会与所作出的牺牲(即机会成本)。但是在一些对社会具有广泛影响的大型项目中，还有一些非货币支出的费用，如影响生态的因素、污染环境的因素、影响旅游行业的因素等。系统分析中需要从系统的生命周期的角度考虑费用的构成和数量。

费用是以下4种费用的总和。

①货币费用与非货币费用。例如，为生产某种产品而购买的原材料、投入的人力和设备等都是货币费用；而车站和机场周围居民受到噪声污染的损失是没有办法用货币度量的，这构成了非货币费用。

②实际费用与机会费用。实际费用是指为了达到某个目的所实际支付的费用。机会费用是指当一项资源用于某个用途时，也就失去了该项资源本来可以用于其他方面的用途和由此带来的利益价值，在失去的用途中的最优用途所带来的价值就是该项资源的机会费

用。例如,某个厨师在一家高级酒店工作,每月可获得5000元的工资,而当他辞去酒店的工作自己开个小餐馆时,对于他来说,自己开店而失去在酒店获得的5000元月薪就是机会费用。

③内部费用与外部费用。既要考虑到系统内部的费用,也要考虑系统外部所发生的费用。例如,某市减少公共交通工具可以减少公交公司的内部费用,但系统外部必须增加自行车费用或企事业单位自派的交通车辆的费用。

④一次投资费用和日常经营费用。既要考虑一次投资费用的大小,也要考虑日常经营费用的大小。例如,复印店新购进一台喷墨式打印机,这时为购买打印机所支付的费用就是一次投资费用,而墨盒的更换费用、维修的费用等都属于日常经营费用。

(2)效果。

效果就是达到目标所取得的成果,效果可以分为好、较好、较不好和不好,也可以进行排序。效果好和效果较好的可以采用;效果较不好的,需要再进行系统分析,找出较好的解决方案,再看方案的效果;效果不好的,就应该及时放弃,并建立新的系统。在分析系统的效果时,必须注意直接效果,但也不能忽略间接效果。衡量效果的尺度是效益和有效度。

①效益。效益是指用货币尺度来评价达到目标的效果。当某个工程项目或企业的目的实现后,即开发的系统运行以后,就可以获得一定的效果。其中能换算成货币价值的那部分效果就称为效益。效益可分为直接效益和间接效益(次生效益)。其中,直接效益包括使用者所付的报酬,或由于提供某种服务而得到的收入;间接效益则指直接效益以外的那些增加社会生产潜力的效益。后者比较难衡量,但需要考虑到。

②有效度。有效度是指用非货币尺度来评价达到目标的效果。评价系统的效果,虽然通过一定方法可以将效果进行数量化,但并不是所有的效果都能换算成货币。因此,就产生了有效度的概念。用货币以外的数量尺度所表示的效果称为有效度。

无论是用效益还是用有效度来测定效果,都需要把效果作为替代方案的价值属性和外部环境的评价属性的函数公式化。其中,替代方案的价值属性表现为价值要素,如系统功能和可靠性等;外部环境的评价属性则表现为各评价项目对于系统价值的权重。

6. 评价标准

衡量可行方案优劣的指标,即评价标准。评价标准一般根据系统的具体情况而定,费用与效果的比较常常被用来作为评价方案的基本标准。由于有多种可行方案,要想对这些可行方案进行比较和评价,就要制定统一的评价标准,对各种方案进行综合评价,比较各种方案的优劣,确定对各种方案的选择顺序,这样才能保证得出的结果是最优的可行方案,从而为决策提供依据。

评价标准必须具有明确性、可计量性和敏感性。其中,明确性是指评价指标的概念不仅要做到明确、具体、尽量单一,还要对方案达到的指标能够做出全面的衡量;可计量性是指确定的评价准则,应力求是可计量和可计算的,尽可能用数据来表达,使分析的结论有定量的依据;敏感性是指在多个评价准则的情况下,要找出标准的优先顺序,分清主次。

评价标准通常是一组指标。企业经营管理中常用的指标有劳动生产率指标、成本指标、时间指标、质量和品种改善指标、劳动条件改善指标以及特定效益指标等。物流配送企业的常用指标包括订单处理(订单需求满足率)、配送服务(货物及时配送率、货物完好送达率、运输信息及时跟踪率)、库存管理(库存完好率、库存周报表准确率、发货准确率)、客户服务(客户投诉率、客户投诉处理时间)等。评价标准必须恰当,而且便于度量。

7. 决策

决策是由决策者依据系统分析的结论,进行决策的活动。结论的具体形式有报告、建议或意见等。需要注意的是,提出系统分析结论时,不要用晦涩难懂的术语和复杂的推导,而要让决策者容易理解、便于使用。结论的作用只是阐明问题与提出处理问题的意见和建议,并不是最终的决策方案。系统分析的结论只有经过决策者的决策以后,才能付诸实际,发挥它的社会效益和经济效益。

决策者是系统问题中的利益主体和行为主体,他们在系统分析中从头到尾都起着重要作用,是一个不容忽视的重要因素。决策是决策者根据系统分析结论的不同侧面、不同角度、个人的经验判断以及各种决策原则进行综合的整体考虑,最后作出优选决策。决策的原则包括:①当前利益与长远利益相结合;②整体效益与局部效益相结合;③外部环境与内部环境相结合;④定性分析与定量分析相结合。实践证明,决策者与系统分析人员的有机配合是保证系统工作成功的关键。

第二节 系统结构分析方法——解释结构模型

在众多系统结构分析方法中,解释结构模型分析法(Interpretative Structural Modeling, ISM)应用较广,这种方法是利用图论中的关联矩阵原理来分析复杂系统整体结构的。首先,它是根据系统中各要素之间存在的潜在关系(系统中各要素之间都存在一定的关系,有些是直接关系,有些是间接关系,有些是层次关系,有些是并列关系),利用图论中的关联矩阵定量地描述这些关系,在此基础上,通过计算,建立系统的结构模型,并对模型做进一步分析。解释结构模型的基本思想是,通过各种创造性技术,提取问题的构成要素,利用有向图、矩阵等工具和计算机技术,对要素及其相互关系等信息进行处理,最后用文字加以解释说明,明确问题的层次和整体结构,最终构成一个多级递阶的结构模型,提高对问题的认识和理解程度。这种方法常用来分析社会、经济、环境、规划、管理等方面的问题,为了解系统结构、制订系统规划提供科学的依据。

一、结构模型

1. 结构模型的基本性质

(1)结构模型是一种几何模型。结构模型是由节点和有向边构成的图或树状图来描述一个系统的结构。节点用来表示系统的要素,而有向边则表示要素间所存在的关系。这种关系随着系统的不同和分析问题的不同,可以理解为"影响""取决于""先于""需要""导致"或其他的含义。

(2)结构模型是一种以定性分析为主的模型。通过结构模型,不仅可以分析系统的要素选择是否合理,还可以分析系统要素以及相互关系变化时对系统总体的影响等问题。

(3)结构模型除了可用有向连接图描述外,还可以用矩阵形式来描述。而矩阵可以通过逻辑演算用数学方法进行处理。因此,如果要进一步研究各要素之间的关系,可以通过矩阵计算,实现定性分析与定量分析相结合。

(4)结构模型作为对系统进行描述的一种形式,处于自然科学领域所用的数学模型形式和社会科学领域所用的以文章表现的逻辑分析形式之间,它适用于处理以社会科学为对象的复杂系统和比较简单的以自然科学为对象的系统中存在的问题。

总之,通过结构模型对复杂系统进行分析,能够清晰地了解系统的构成要素以及要素间的关系,这些关系使得系统呈现出何种结构,在此基础上,可进一步分析系统结构的合理性、稳定性等特征。

2. 解释结构模型的步骤

第一步:提出问题。

第二步:确定构成系统的要素集合,并找出要素间的直接二元关系,以建立各要素间的直接关系矩阵,即邻接矩阵。

第三步:通过对邻接矩阵的计算,得到可达矩阵。

第四步:依据可达矩阵,找到特色要素,进行区域划分;在区域划分的基础上继续层次划分;提取骨架矩阵,其又分为如下三步:

(1)去强连接要素的缩减矩阵;

(2)去越级二元关系;

(3)去单位矩阵,得骨架矩阵。

第五步:绘制系统的多级递阶有向图。

二、建立结构模型的相关概念

1. 系统结构的基本表达方式

1)系统的集合表达

设系统由 $n(n \geq 2)$ 个要素 $(s_1, s_2, \cdots, s_n)$ 所组成,其集合为 S,则系统结构的集合表达如下:

$$S = \{s_1, s_2, \cdots, s_n\} \tag{3-1}$$

系统的诸多要素有机地联系在一起,并且一般都是以两个要素之间的二元关系为基础的。所谓二元关系,是指根据系统的性质和研究的目的所约定的一种需要讨论的、存在于系统中的两个要素 (s_i, s_j) 之间的关系为 R_{ij}(简记为 R)。二元关系通常有影响关系、因果关系、包含关系、隶属关系、比较关系(如大小、先后、轻重、优劣等)。二元关系是结构分析中所要讨论的系统构成要素间的基本关系,一般有以下两种情形:

$$s_i R s_j = \begin{cases} 1, \text{当} s_i \text{和} s_j \text{有直接关系时} \\ 0, \text{当} s_i \text{和} s_j \text{无直接关系时} \end{cases} \quad (i,j = 1, 2, \cdots, n) \tag{3-2}$$

二元关系有两个重要性质:

(1)二元关系的传递性。在通常情况下,二元关系具有传递性,即若 $s_i R s_j$、$s_j R s_k$,则有 $s_i R s_k$(s_i、s_j、s_k 为系统的任意构成要素)。传递性二元关系反映两个要素的间接联系,可记作

R^t(t 为传递次数),如 $s_iR^2s_k$ 表示 s_i 经过 2 次传递到达 s_k。

(2)强连接关系。若 s_iRs_j,且 s_jRs_i,则称 s_i 与 s_j 间具有强连接关系,反映了两个要素具有替换性。

以系统要素集合 S 及二元关系的概念为基础,为便于表达所有要素间的关联方式,我们把系统构成要素中满足某种二元关系 R 的要素 s_i、s_j 对 (s_i,s_j) 的集合,称为 S 上的二元关系集合,记作 R_b,即:

$$R_b = \{(s_i,s_j) \mid s_i,s_j \in S, s_iRs_j \quad (i,j=1,2,\cdots,n)\} \tag{3-3}$$

且在一般情况下,(s_i,s_j) 和 (s_j,s_i) 表示不同的要素对。这样,"要素 s_i 和 s_j 之间是否具有某种二元关系 R",也就等价于"要素对 (s_i,s_j) 是否属于 S 上的二元关系集合 R_b"。

至此,我们就可以用系统的构成要素集合 S 和在 S 上确定的某种二元关系集合 R_b,来共同表示系统的某种基本结构。

【例 3-2】 某系统由七个要素 $(s_1,s_2,\cdots,s_7)$ 组成。经过两两判定认为:s_2 影响 s_1,s_3 影响 s_4,s_4 影响 s_5,s_7 影响 s_2,s_4 和 s_6 相互影响。这样,该系统的基本结构可用要素集合 S 和二元关系集合 R_b 来表达,其中:

$$S = \{s_1,s_2,s_3,s_4,s_5,s_6,s_7\}$$

$$R_b = \{(s_2,s_1),(s_3,s_4),(s_4,s_5),(s_7,s_2),(s_4,s_6),(s_6,s_4)\}$$

2)有向图表达

有向图 D 是由节点和连接各节点的有向弧(箭线)组成的,如图 3-2 所示。构造有向图的具体方法是:节点表示系统的各构成要素,有向弧表示要素之间的二元关系。路长是从节点 $i(s_i)$ 到 $j(s_j)$ 的最少的有向弧数,即要素 s_i 与 s_j 间二元关系的传递次数。双向回路指从某节点出发,沿着有向弧通过其他某些节点各一次可回到该节点时,形成的回路。汇点指只有进入而没有离开的节点。

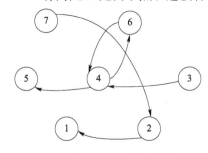

图 3-2 例 3-2 系统结构的有向图

3)矩阵表达

(1)邻接矩阵 A。A 表示系统要素间基本二元关系或直接关系情况的矩阵,该矩阵既表达了系统所有要素,又表达了要素间的二元关系。若 $A=(r_{ij})_{n\times n}$,则其定义式为:

$$r_{ij} = \begin{cases} 1, & \text{当 } s_i \text{ 和 } s_j \text{ 有直接关系时} \\ 0, & \text{当 } s_i \text{ 和 } s_j \text{ 无直接关系时} \end{cases} \tag{3-4}$$

若第 i 行元素全为 0,则 s_i 是系统的输出要素(汇点);若第 j 列元素全为 0,则 s_j 是系统的输入要素(源点)。邻接矩阵(也称为直接关系矩阵)只能反映系统要素之间的直接关系,不能反映间接关系。

有了表达系统结构的集合 (S,R_b) 或者有向图 D,就可以很容易的地将 A 写出,反之亦然。与例 3-2 和图 3-2 对应的邻接矩阵如下:

$$A = \begin{array}{c} \\ s_1 \\ s_2 \\ s_3 \\ s_4 \\ s_5 \\ s_6 \\ s_7 \end{array} \begin{bmatrix} s_1 & s_2 & s_3 & s_4 & s_5 & s_6 & s_7 \\ 0 & 0 & 0 & 0 & 0 & 0 & 0 \\ 1 & 0 & 0 & 0 & 0 & 0 & 0 \\ 0 & 0 & 0 & 1 & 0 & 0 & 0 \\ 0 & 0 & 0 & 0 & 1 & 1 & 0 \\ 0 & 0 & 0 & 0 & 0 & 0 & 0 \\ 0 & 0 & 0 & 1 & 0 & 0 & 0 \\ 0 & 1 & 0 & 0 & 0 & 0 & 0 \end{bmatrix} \qquad (3\text{-}5)$$

(2) 可达矩阵 M。若要素 s_i 和 s_j 间存在着某种传递性二元关系，或在有向图上存在着由节点 i 至 j 的有向通路时，则称 s_i 是可以到达 s_j 的，或者说 s_j 是 s_i 可以到达的。所谓可达矩阵 M，就是表示系统要素之间任意次传递性二元关系或有向图上两个节点之间通过任意长的路径可以到达情况的方阵。若 $M = (m_{ij})_{n \times n}$，且在无回路条件下的最大路长或传递次数为 r，即有 $0 \leq t \leq r$，则可达矩阵的定义式为：

$$m_{ij} = \begin{cases} 1, s_i R^t s_j & （存在着 i 至 j 的路长最大为 r 的通路） \\ 0, s_i \overline{R^t} s_j & （不存在 i 至 j 的通路） \end{cases} \qquad (3\text{-}6)$$

当 $t = 1$ 时，表示基本的二元关系，$M = A$；当 $t = 0$ 时，表示自身到达，$s_i R s_i$；当 $t \geq 2$ 时，表示传递的二元关系。

矩阵 A 和 M 的元素均为"1"或"0"，是 $n \times n$ 阶 $0-1$ 矩阵，且符合布尔代数运算规则，即 $0+0=0, 0+1=1, 1+0=1, 1+1=1, 0 \times 0=0, 0 \times 1=0, 1 \times 1=1$。通过对邻接矩阵 A 的运算，可求出系统要素的可达矩阵 M。其计算公式为：

$$M = (A+I)^r = (A+I)^{r+1} \qquad (3\text{-}7)$$

最大传递次数（路长）r 根据下式确定：

$$(A+I) \neq (A+I)^2 \neq (A+I)^3 \neq \cdots \neq (A+I)^{r-1} \neq (A+I)^r$$
$$= (A+I)^{r+1} = \cdots = (A+I)^n \qquad (3\text{-}8)$$

其中，I 为与 A 同阶次的单位矩阵，反映要素自身到达。

以与例 3-2 和图 3-2 对应的邻接矩阵为例，有：

$$A + I = \begin{array}{c} \\ s_1 \\ s_2 \\ s_3 \\ s_4 \\ s_5 \\ s_6 \\ s_7 \end{array} \begin{bmatrix} s_1 & s_2 & s_3 & s_4 & s_5 & s_6 & s_7 \\ 1 & 0 & 0 & 0 & 0 & 0 & 0 \\ 1 & 1 & 0 & 0 & 0 & 0 & 0 \\ 0 & 0 & 1 & 1 & 0 & 0 & 0 \\ 0 & 0 & 0 & 1 & 1 & 1 & 0 \\ 0 & 0 & 0 & 0 & 1 & 0 & 0 \\ 0 & 0 & 0 & 1 & 0 & 1 & 0 \\ 0 & 1 & 0 & 0 & 0 & 0 & 1 \end{bmatrix} \qquad (3\text{-}9)$$

其中，主对角线上的"1"表示诸要素通过零步（自身）到达的情况（单位矩阵 I），其余的"1"表示要素间通过一步"直接"到达的情况。

$$(A+I)^2 = A^2 + A + I = \begin{matrix} & s_1 & s_2 & s_3 & s_4 & s_5 & s_6 & s_7 \\ s_1 & 1 & 0 & 0 & 0 & 0 & 0 & 0 \\ s_2 & 1 & 1 & 0 & 0 & 0 & 0 & 0 \\ s_3 & 0 & 0 & 1 & 1 & (1) & (1) & 0 \\ s_4 & 0 & 0 & 0 & 1 & 1 & 1 & 0 \\ s_5 & 0 & 0 & 0 & 0 & 1 & 0 & 0 \\ s_6 & 0 & 0 & 0 & 1 & (1) & 1 & 0 \\ s_7 & (1) & 1 & 0 & 0 & 0 & 0 & 1 \end{matrix} \qquad (3\text{-}10)$$

其中,带括号的"1"表示要素间通过两步(间接)到达的情况。按照前述布尔代数的运算规则,在原式$(A+I)^2$的展开中利用了$A+A=A$的关系。

进一步计算发现:$(A+I)^3 = (A+I)^2$,即有$r=2$。

这样,与例3-2和图3-2对应的可达矩阵为:

$$M = (A+I)^2 = \begin{matrix} & s_1 & s_2 & s_3 & s_4 & s_5 & s_6 & s_7 \\ s_1 & 1 & 0 & 0 & 0 & 0 & 0 & 0 \\ s_2 & 1 & 1 & 0 & 0 & 0 & 0 & 0 \\ s_3 & 0 & 0 & 1 & 1 & 1 & 1 & 0 \\ s_4 & 0 & 0 & 0 & 1 & 1 & 1 & 0 \\ s_5 & 0 & 0 & 0 & 0 & 1 & 0 & 0 \\ s_6 & 0 & 0 & 0 & 1 & 1 & 1 & 0 \\ s_7 & 1 & 1 & 0 & 0 & 0 & 0 & 1 \end{matrix} \qquad (3\text{-}11)$$

(3)缩减矩阵M'。强连接关系可在系统中构成回路。回路中要素具有自反性、对称性和传递性,是一个等价关系。因此,在已有的可达矩阵M中,将具有强连接关系的一组要素看作一个要素,保留其中的某个代表元素,删除其余要素及其在M中的行和列,即得到该可达矩阵M的缩减矩阵M'。

$$M' = \begin{matrix} & s_1 & s_2 & s_3 & s_4 & s_5 & s_7 \\ s_1 & 1 & 0 & 0 & 0 & 0 & 0 \\ s_2 & 1 & 1 & 0 & 0 & 0 & 0 \\ s_3 & 0 & 0 & 1 & 1 & 1 & 0 \\ s_4 & 0 & 0 & 0 & 1 & 1 & 0 \\ s_5 & 0 & 0 & 0 & 0 & 1 & 0 \\ s_7 & 1 & 1 & 0 & 0 & 0 & 1 \end{matrix} \qquad (3\text{-}12)$$

(4)骨架矩阵$A' = (A+I)^r$。对于给定的系统,A的可达矩阵是唯一的,但实现某一M的A却有可能为多个。我们将实现某一M具有最小二元关系个数的邻接矩阵A叫作M的最小关系矩阵,或"骨架矩阵",记作A'。

2. 区域划分

所谓区域划分,是指将系统的构成要素集合S,分割成关于给定二元关系R的相互独立的区域的过程。

为此,需要首先以可达矩阵 M 为基础,划分与要素 $s_i(i=1,2,\cdots,n)$ 相关联的系统要素的类型,并找出在整个系统(所有要素集合 S)中有明显特征的要素。有关要素集合的定义如下。

1) 可达集 $R(s_i)$

系统要素 s_i 的可达集是在可达矩阵或有向图中由 s_i 出发可达到的诸要素所构成的集合(从行看:元素为1的集合),记为 $R(s_i)$。其定义式为:

$$R(s_i)=\{s_j|s_j\in S, m_{ij}=1, j=1,2,\cdots,n\} \quad (i=1,2,\cdots,n) \tag{3-13}$$

2) 先行集 $A(s_i)$

系统要素 s_i 的先行集是指在可达矩阵或有向图中可到达 s_i 的诸系统要素所构成的集合(从列看:元素为1的集合),记为 $A(s_i)$,也称前因集。其定义式为:

$$A(s_i)=\{s_j|s_j\in S, m_{ji}=1, j=1,2,\cdots,n\} \quad (i=1,2,\cdots,n) \tag{3-14}$$

3) 共同集 $C(s_i)$

系统要素 s_i 的共同集是 s_i 在可达集合先行集的共同部分,即交集,记为 $C(s_i)=R(s_i)\cap A(s_i)$。其定义式:

$$C(s_i)=\{s_j|s_j\in S, m_{ij}=1, m_{ji}=1, j=1,2,\cdots,n\} \quad (i=1,2,\cdots,n) \tag{3-15}$$

4) 起始集 $B(s_i)$

系统要素集合 S 的起始集是在 S 中只影响(到达)其他要素而不受其他要素影响(不被其他要素到达)的要素所构成的集合,记为 $B(s_i)$。$B(s_i)$ 中的要素在有向图中只有箭线流出,而无箭线流入,是系统的输入要素。其定义式为:

$$B(s_i)=\{s_i|s_i\in S, C(s_i)=A(s_i)\} \quad (i=1,2,\cdots,n) \tag{3-16}$$

5) 终止集 $E(s_i)$

终止集是指满足条件 $C(s_i)=R(s_i)$ 的集合,是系统的输出要素。系统要素的终止集是在系统中只接受其他要素影响,而不影响其他要素的要素所构成的集合。

当 s_i 为 S 的起始集(终止集)要素时,相当于 $C(s_i)$ 部分覆盖到了整个 $A(s_i)$ 区域。这样,要区分系统要素集合 S 是否可分割,只要研究系统起始集 $B(s_i)$ 中的要素及其可达集要素或系统终止集 $E(s_i)$ 中的要素及其先行集要素能否分割(是否相对独立)即可。下面给出这两种划分方法:

方法1:在 $B(s_i)$ 中任意取出两个要素 b_u, b_v。

第一步:如果 $R(b_u)$ 与 $R(b_v)$ 的交集不为空集,则 b_u、b_v 及 $R(b_u)$、$R(b_v)$ 中的要素属于一区域。若对所有 b_u、b_v 均有此结果(均不为空集),则区域不可分。

第二步:如果 $R(b_u)$ 与 $R(b_v)$ 的交集为空集,则 b_u、b_v 及 $R(b_u)$、$R(b_v)$ 中的要素不属于同一区域,系统要素集合 S 至少可被划分为两个相对独立的区域。

方法2:利用终止集 $E(s_i)$ 来判断区域能否划分,只要判定 $A(e_u)$ 与 $A(e_v)$ 是否为空集即可[e_u、e_v 是 $E(s_i)$ 中任意两个要素]。

区域划分的结果可记为

$$\prod s_i = P_1, P_2, \cdots, P_k$$

其中,P_k 为第 k 个相对独立区域的要素集合。经过区域划分后的可达矩阵为块对角矩阵,记作 $M(P)$。

对例3-2所对应的可达矩阵进行区域划分,可列出任一要素 s_i(简记 i)的可达集 $R(s_i)$、先行集 $A(s_i)$ 和共同集 $C(s_i)$,并据此写出系统要素集合的起始集 $B(s_i)$,见表3-2。

例 3-2 中的可达集、先行集、共同集、和起始集列表　　　　表 3-2

s_i	$R(s_i)$	$A(s_i)$	$C(s_i)$	$B(s_i)$
1	1	1,2,7	1	—
2	1,2	2,7	2	—
3	3,4,5,6	3	3	3
4	4,5,6	3,4,6	4,6	—
5	5	3,4,5,6	5	—
6	4,5,6	3,4,6	4,6	—
7	1,2,7	7	7	7

因为 $B(s_i) = \{s_3, s_7\}$，且有 $R(s_3) \cap R(s_7) = \{s_3, s_4, s_5, s_6\} \cap \{s_1, s_2, s_7\} = \emptyset$，所以 s_3, s_4, s_5, s_6 与 s_1, s_2, s_7 分属两个相对独立的区域，即 $\prod s_i = P_1, P_2 = \{s_3, s_4, s_5, s_6\}, \{s_1, s_2, s_7\}$。

这时的可达矩阵 M 变为如下块对角矩阵：

$$M(P) = \begin{array}{c} \\ 3 \\ 4 \\ 5 \\ 6 \\ \\ 1 \\ 2 \\ 7 \end{array} \begin{bmatrix} 3 & 4 & 5 & 6 & \vdots & 1 & 2 & 7 \\ 1 & 1 & 1 & 1 & \vdots & & & \\ 0 & 1 & 1 & 1 & \vdots & & & \\ 0 & 0 & 1 & 0 & \vdots & & 0 & \\ 0 & 1 & 1 & 1 & \vdots & & & \\ \cdots & \cdots & \cdots & \cdots & \vdots & \cdots & \cdots & \cdots \\ & & & & \vdots & 1 & 0 & 0 \\ & & 0 & & \vdots & 1 & 1 & 0 \\ & & & & \vdots & 1 & 1 & 1 \end{bmatrix} \quad (3\text{-}17)$$

3. 级位划分

级位划分是确定某区域内的各要素所处层次地位的过程，是建立多级递阶结构模型的关键工作。

设 P 是由区域划分得到的某区域要素集合，若用 $L_1, L_2, \cdots, L_l$ 表示从高到低的各级要素集合（其中 l 为最大级位数），则级位划分的结果可写成：

$$\prod(P) = L_1, L_2, \cdots, L_l$$

第一层要素，即最高级要素（L_1）为系统的终止集要素。级位划分基本做法：找出系统要素集合的最高级要素后，将它们去掉；再求剩余要素集合的最高级要素，依此类推，直到确定出最低级要素集合（即 L_l）。

经过级位划分后的可达矩阵变为区域块三角矩阵，记为 $M(L)$。

对例 3-2 中的 $P_1 = \{s_3, s_4, s_5, s_6\}$ 进行级位划分的过程见表 3-3。

级位划分过程表　　　　表 3-3

s_i	$R(s_i)$	$A(s_i)$	$C(s_i)$	$C(s_i) = R(s_i)$	L_i
3	3,4,5,6	3	3		
4	4,5,6	3,4,6	4,6		$L_1 = \{s_5\}$
5	5	3,4,5,6	5	√	

续上表

s_i	$R(s_i)$	$A(s_i)$	$C(s_i)$	$C(s_i)=R(s_i)$	L_i
6	4,5,6	3,4,6	4,6		$L_1=\{s_5\}$
3	3,4,6	3	3		$L_2=\{s_4,s_6\}$
4	4,6	3,4,6	4,6	√	
6	4,6	3,4,6	4,6	√	
3	3	3	3	√	$L_3=\{s_3\}$

对该区域进行级位划分的结果为 $\prod(P_1)=L_1,L_2,L_3=\{s_5\},\{s_4,s_6\},\{s_3\}$。

同理,对 $P_2=\{s_1,s_2,s_7\}$ 进行级位划分可得 $\prod(P_2)=L_1,L_2,L_3=\{s_1\},\{s_2\},\{s_7\}$。

此时,可达矩阵为:

$$M(L)=\begin{array}{c}\begin{array}{cccccccc}5&4&6&3&\vdots&1&2&7\end{array}\\\begin{array}{c}5\\4\\6\\3\\\\1\\2\\7\end{array}\left[\begin{array}{cccc:ccc}1&0&0&0&\vdots&&&\\1&1&1&0&\vdots&&&\\1&1&1&0&\vdots&&0&\\1&1&1&1&\vdots&&&\\\cdots&\cdots&\cdots&\cdots&\vdots&\cdots&\cdots&\cdots\\&&&&\vdots&1&0&0\\&&0&&\vdots&1&1&0\\&&&&\vdots&1&1&1\end{array}\right]\end{array} \quad (3-18)$$

4. 多级递阶有向图 $D(A')$ 绘制

根据骨架矩阵 A',绘制出多级递阶有向图 $D(A')$,即建立系统要素的递阶结构模型。绘图一般分为如下三步:

第一步:分区域从上到下逐级排列系统构成要素。

第二步:同级加入被删掉的与某要素有强连接关系的要素,及表征它们相互关系的有向弧。

第三步:按 A' 所示的邻接二元关系,用级间有向弧连接成有向图 $D(A')$。

据此,建立起原例的递阶结构模型,如图 3-3 所示。

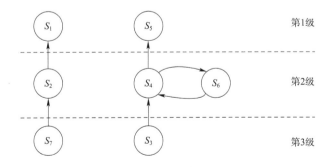

图 3-3 例 3-2 有向图 $D(A')$

三、解释结构模型法的应用

【例3-3】 为了探索影响分级诊疗体系建设的原因,专家们从政府机构、医院、基层卫生服务机构和患者四个方面出发,通过查阅文献、走访调查和访谈等多种方式广泛收集影响因素,并且对影响因素进行归纳、梳理,最终提炼出15个主要影响因素,见表3-4。

分级诊疗体系建设的影响因素　　　　　　　表3-4

分　类	影响因素	关键影响因素
政府机构	分级诊疗制度设计、医疗资源配置、财政投入、信息共享平台搭建、医保政策调整和激励机制建立	分级诊疗制度设计 S_1、医疗资源配置 S_2、财政投入 S_3、医保政策协调 S_4、信息共享平台搭建 S_5、分级诊疗激励机制 S_6、医院功能定位 S_7、分级诊疗协调机制 S_8、基层医疗服务能力与水平 S_9、公共卫生服务项目 S_{10}、基层医疗服务质量 S_{11}、基层卫生服务机构设备设施 S_{12}、医务人员的参与度 S_{13}、患者参与度 S_{14}、患者满意度 S_{15}
医院	医院功能定位、配套政策及激励机制、双向转诊协调机制、医务人员认知度与认可度	
基层卫生服务机构	医务人员的技术水平、公共卫生服务项目、设备设施、优质服务水平、慢性病管理质量、医务人员认知度与参与度	
患者	患者就医观念、患者认知度与参与度、患者满意度	

(1) 以选取的15个影响因素为研究对象,采用专家打分法确定各因素间的二元关系,生成邻接矩阵。

$$(A+I) = \begin{bmatrix} 1 & 1 & 1 & 0 & 0 & 0 & 1 & 0 & 1 & 1 & 1 & 1 & 0 & 0 & 0 \\ 0 & 1 & 0 & 0 & 1 & 1 & 0 & 1 & 0 & 0 & 0 & 0 & 1 & 0 & 0 \\ 1 & 1 & 1 & 0 & 0 & 1 & 0 & 1 & 1 & 0 & 1 & 1 & 0 & 0 & 0 \\ 0 & 1 & 1 & 1 & 0 & 0 & 1 & 0 & 1 & 1 & 1 & 1 & 0 & 1 & 0 \\ 0 & 0 & 0 & 0 & 1 & 0 & 0 & 0 & 0 & 0 & 0 & 0 & 0 & 0 & 1 \\ 0 & 0 & 0 & 0 & 0 & 1 & 0 & 0 & 0 & 0 & 0 & 0 & 0 & 0 & 1 \\ 0 & 0 & 0 & 0 & 1 & 1 & 1 & 1 & 1 & 0 & 0 & 0 & 0 & 0 & 0 \\ 0 & 0 & 0 & 0 & 0 & 0 & 1 & 1 & 0 & 0 & 0 & 0 & 0 & 0 & 1 \\ 0 & 0 & 0 & 0 & 1 & 1 & 0 & 1 & 1 & 0 & 0 & 1 & 0 & 0 & 0 \\ 0 & 0 & 0 & 0 & 1 & 1 & 0 & 1 & 0 & 1 & 0 & 0 & 0 & 0 & 0 \\ 0 & 0 & 0 & 0 & 1 & 0 & 1 & 0 & 0 & 0 & 1 & 0 & 1 & 0 & 0 \\ 0 & 0 & 0 & 0 & 0 & 0 & 0 & 0 & 0 & 0 & 1 & 1 & 0 & 0 & 0 \\ 0 & 0 & 0 & 0 & 0 & 0 & 0 & 0 & 0 & 0 & 0 & 0 & 1 & 0 & 1 \\ 0 & 1 & 0 & 1 & 0 & 0 & 1 & 0 & 1 & 1 & 1 & 1 & 1 & 1 & 0 \\ 0 & 0 & 0 & 0 & 0 & 0 & 0 & 0 & 0 & 0 & 0 & 0 & 0 & 0 & 1 \end{bmatrix} \qquad (3-19)$$

（2）通过计算得可达矩阵为：

$$M = \begin{bmatrix} 1 & 1 & 1 & 1 & 1 & 1 & 1 & 1 & 1 & 1 & 1 & 1 & 1 & 1 & 1 \\ 0 & 1 & 0 & 0 & 1 & 1 & 0 & 1 & 0 & 0 & 0 & 0 & 1 & 0 & 1 \\ 1 & 1 & 1 & 1 & 1 & 1 & 1 & 1 & 1 & 1 & 1 & 1 & 1 & 1 & 1 \\ 1 & 1 & 1 & 1 & 1 & 1 & 1 & 1 & 1 & 1 & 1 & 1 & 1 & 1 & 1 \\ 0 & 0 & 0 & 0 & 1 & 0 & 0 & 0 & 0 & 0 & 0 & 0 & 0 & 0 & 1 \\ 0 & 0 & 0 & 0 & 0 & 1 & 0 & 0 & 0 & 0 & 0 & 0 & 0 & 0 & 1 \\ 0 & 0 & 0 & 0 & 1 & 1 & 1 & 1 & 0 & 0 & 0 & 0 & 1 & 0 & 1 \\ 0 & 0 & 0 & 0 & 0 & 0 & 0 & 1 & 0 & 0 & 0 & 0 & 0 & 0 & 1 \\ 0 & 0 & 0 & 0 & 1 & 1 & 0 & 1 & 1 & 0 & 0 & 0 & 1 & 0 & 1 \\ 0 & 0 & 0 & 0 & 1 & 1 & 0 & 1 & 0 & 1 & 0 & 0 & 1 & 0 & 1 \\ 0 & 0 & 0 & 0 & 1 & 1 & 0 & 1 & 0 & 0 & 1 & 0 & 1 & 0 & 1 \\ 0 & 0 & 0 & 0 & 1 & 1 & 0 & 1 & 0 & 0 & 0 & 1 & 1 & 0 & 1 \\ 0 & 0 & 0 & 0 & 0 & 0 & 0 & 0 & 0 & 0 & 0 & 0 & 1 & 0 & 1 \\ 1 & 1 & 1 & 1 & 1 & 1 & 1 & 1 & 1 & 1 & 1 & 1 & 1 & 1 & 1 \\ 0 & 0 & 0 & 0 & 0 & 0 & 0 & 0 & 0 & 0 & 0 & 0 & 0 & 0 & 1 \end{bmatrix} \quad (3\text{-}20)$$

（3）由可达矩阵可以计算出所有因素的可达集 $R(s_i)$，前因集 $A(s_i)$ 及 $R(s_i)$ 与 $A(s_i)$ 的交集 $C(s_i)$，见表3-5。

因素可达集、前因集、交集　　　　　　　　　　　表3-5

s_i	可达集 $R(s_i)$	前因集 $A(s_i)$	交集 $C(s_i)$
s_1	1-15	1,3,4,14	1,3,4,14
s_2	2,5,6,8,13-15	1-4	2
s_3	1-15	1,3,4,14	1,3,4,14
s_4	1-15	1,3,4,14	1,3,4,14
s_5	5,15	1-5,7-14	5
s_6	6,15	1-4,6,7,9-12	6
s_7	5-8,13-15	1,3,4,7	7
s_8	8,15	1-4,7-12	8
s_9	5,6,8,9,13-15	1,3,4,9	9
s_{10}	5,6,8,10,13-15	1,3,4,10	10
s_{11}	5,6,8,11,13-15	1,3,4,11	11
s_{12}	5,6,8,12-15	1,3,4,12	12
s_{13}	13,15	1-4,7,9-13	13
s_{14}	14,15	1-4,7,9-12,14	14
s_{15}	15	1-15	15

（4）由于层级划分是成熟的方法，所以省略其过程，最终得出因素层级分解表，见表3-6。

因素层级分解表 表3-6

层 级	因素 s_i	层 级	因素 s_i
1	15	3	2,7,9,10,11,12
2	5,6,8,13	4	1,3,4,14

(5) 生成层次结构图(图3-4)。

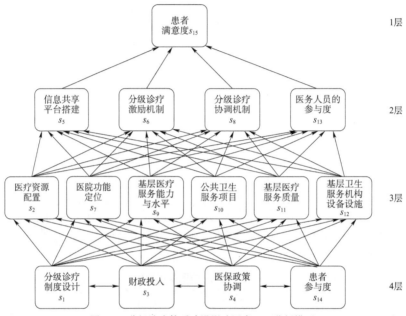

图3-4 分级诊疗体系建设影响因素ISM分析模型

思考与练习题

1. 简述系统分析的基本原则。
2. 系统分析的要素有哪些？各自是何含义？
3. ISM 的基本思想是什么？
4. 给定描述系统基本结构的有向图，要求：

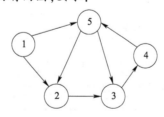

图3-5 题4图

(1) 写出系统要素集合 S 及 S 上的二元关系集合 R_b。
(2) 建立邻接矩阵 A、可达矩阵 M。
(3) 绘制层次有向图。

第四章 物流系统预测

第一节 概 述

古人云："凡事预则立,不预则废。"预测是指通过对客观事实的历史和现状进行科学的调查和分析,由过去和现在去推测未来,由已知去推测未知,从而揭示客观事实未来发展的趋势和规律。"人无远虑,必有近忧。"人类社会的所有领域都存在预测问题,随着科学技术的发展和社会的进步,人类越来越需要对未来进行预测。

一、预测的含义和作用

1. 预测的产生和发展

人类在其社会实践中,感知最多的就是事物的现在和过去,当人们需要感知未来时,就产生了预测。也可以说,预测是人们思维超越现实的一种体现。

人类在其社会实践中很早就有预测思想的萌芽产生,如诸葛亮的"隆中对"作为中国历史上最有名的预测,备受人们推崇。大家所熟知的《孙子兵法》,实际上也包含很多预测问题,如"生死之地,存亡之道,不可不察也",这个"察"就是指预测。

预测技术和预测学科产生于20世纪。预测尤其是经济预测,20世纪20年代于西方兴起。20世纪60年代以前,预测技术主要在欧美传播和发展,特别是在美国得到了广泛重视和应用。每年各级政府部门借助大量的预测智囊机构的活动,公布全国经济活动的主要预测结果,作为制订和执行政策的依据。美国预测咨询机构的数量和预测规模处于领先地位,这些预测咨询机构特别致力于发展高深的未来预测及其所需的新技术。目前,世界闻名的预测咨询机构有麦肯锡、罗兰贝格、科尔尼、波士顿、毕博、埃森哲、世界大型企业联合会、锡恩等。

2. 预测的定义和作用

预测是指人们利用已经掌握的知识和手段,预先推测和判断事物未来发展状况的一种活动。具体说来,预测就是人们在研究事物发生、发展所呈现的规律性以及分析现状条件、环境因素制约和影响的基础上,运用各种定性和定量分析方法,对事物未来可能出现的状态和发展趋势所作的科学推测。

预测作为一门科学,其科学根据是事物的过去、现在和未来通常是有规律可循的,预测者既要立足于过去和现在,又要使用一种逻辑结构把它同未来联系起来,以达到对未来进行预测的目的。

预测是从方法论的角度探讨规律,研究如何提高科学预见性的一种手段。因此,预测本身和预测结果并不是目的。它的作用体现在被决策者直接或间接地运用于决策。预测的结果及预测分析过程中得到的各种有关未来的信息可作为决策时的输入数据。如果没有科学合理的预测结果,就无法正确衡量决策结果,导致决策的失误。系统预测与系统规划和系统决策之间的关系如图4-1所示。

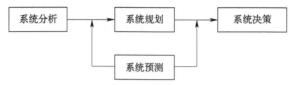

图4-1 系统预测与系统规划、决策间的关系

预测的作用不完全在于得到精确的结果。由于未来变化的不确定性,使得预测结果不易准确,但这并不能把预测视为浪费时间的无用工作。在预测分析过程中,随着预测者和决策者交流的深入,两者对预测对象有了更深刻、更全面的了解和认识,可得到许多对未来可能发生事情的有价值的看法以及有预见性地解决问题的启示和方法。对大众来说,预测过程本身具有宣传和鼓动作用,往往能帮助决策者调动群众的积极性,预测结果即使不精确,也因其具有良好的导向性而能够帮助决策者实现其战略目标。

3. 预测的分类

预测的理论和方法可广泛应用于自然现象和社会现象的各个方面,根据预测的目标和特征不同可以把预测活动分为不同的类别。

(1)按预测范围和层次的不同,预测可以分为宏观预测和微观预测。

宏观预测是指针对国家或部门、地区的活动进行的各种预测。它涉及全局或整体,以整个社会经济发展作为考察对象,如对全国和地区社会再生产各环节的发展速度、规模和结构的预测,对社会商品总供给、总需求的规模、结构、发展速度和平衡关系的预测等。微观预测是指针对基层单位的各项活动进行的预测,如对某企业产品的市场需求量、销售量、市场占有率、价格变化趋势、成本与效益指标的预测等。

(2)按预测期长短的不同,预测可以分为长期预测、中期预测、短期预测和近期预测。

长期预测一般指对5年以上发展前景的预测,它是制订国民经济和企业生产经营的长期发展规划以及提出长期发展目标和任务的依据;中期预测一般是指1年以上5年以下的预测,它是制订5年计划、中期发展规划的依据;短期预测是指3个月以上1年以下的预测,它是制订季度计划、年度计划的依据;近期预测是指3个月以下的预测,它是制订周计划、月计划等短期计划的依据。

(3)按采用方法的不同,预测可以分为定性预测和定量预测。

定性预测主要依靠预测者的知识、经验等,对预测对象未来的发展趋势作出预测;定量预测是通过对数据的分析,运用统计方法和数学模型推算预测对象未来可能出现的具体结果,从数量上描述事件发展的趋势和程度。

二、预测的基本原理与程序

1. 预测的基本原理

预测是根据历史规律判断未来,科学预测的认识基础可以表述为以下基本原理:

(1)系统性原理。预测对象是一个完整的系统,系统内包含若干个子系统,系统外部还有相关的平行系统,这些错综复杂的关联因素对系统功能和系统完整性的体现有着重要影响。系统性原理是指预测过程中要强调预测对象内在与外在的系统性,要突出系统的功能和系统的完整性。缺乏系统观点的预测,将导致顾此失彼的决策。

(2)连贯性原理。事物的发展具有一定的延续性,过去和现在事物中存在的某种规律,在将来的一段时期内将继续存在,人们可以根据其历史和现状以及这种延续性推测其未来。连贯性原理是指预测过程中要研究预测对象的过去和现在,依据其惯性,预测其未来状态。科学、有效预测的关键是要分析事物发展的偶然性,掌握事物发展的客观规律,注意事物发展的全过程的统一,即过去、现在和将来的有机地统一。近几年利用"大数据"进行预测已渗透了人们工作和生活的方方面面。

(3)类推原理。许多事物在发展规律上常有类似之处。据此,可利用预测对象与其他已知事物的发展变化在时间上有前后不同,但表现形式相似的特点,将预测对象与类似的已知事物的发展状况相类比,从而推测预测对象的未来。

(4)相关性原理。任何事物的发展变化都不是孤立的,许多事物之间有着相互依存的关系,同一事物在不同的发展阶段也有一定的相关性。相关性原理是指在预测过程中要研究预测对象与其相关事物间的关联性,利用相关事物的特性来推断预测对象的未来状况。

(5)概率推断原理。预测对象的发展有各种各样的可能,而不是只存在单一的可能性。对预测对象所做的预测,实际上是对它发展的各种可能性进行预测。概率推断原理是指当被推断的预测结果能以较大概率出现时,则认为该结果成立。

2. 预测的基本程序

预测过程包括归纳和演绎两个阶段。在归纳阶段,从预测目标入手,收集资料,通过对资料的分析、处理、提炼和概括,运用恰当的形式描述预测对象的基本规律;在演绎阶段,利用所归纳的基本规律,推测出预测对象在未来期间的可能水平。

预测程序随着预测目的和采用的方法不同而有所不同。一般来说,预测的程序大致有以下几个步骤:

(1)确定预测目标。确定预测目标是进行预测工作的前提,主要包括预测目的、预测要解决的问题、预测对象、预测期限、预测系统的范围等。

(2)拟定预测计划。主要包括预测的内容、参加预测的人员及分工、预算的编制、预测的进度等。

(3)收集、分析和整理有关资料。主要包括确定数据收集的目的、设计数据收集方案、数据的收集与整理、对数据进行分析与预处理等工作。预测所需的资料可以分为两类:一类是关于预测对象本身的历史和现实资料;另一类是影响预测对象发展过程的各种因素的历史和现实资料。资料力求完整、准确、可靠和实用。

(4)选择预测方法,建立预测模型,进行预测工作。对不同的预测对象应采用不同的预测方法。选择预测方法时,主要考虑预测对象的种类和性质、对预测结果精度的要求、资料的可靠性和完整性以及现实条件(人力、财力和时间期限)等。定量预测的核心是建立符合客观规律的模型,预测模型的好坏会直接影响预测的效果。预测模型建立之后,如果模型中含有参数,则需要对参数进行估计,并进行统计检验,经过检验后,如果模型是有效的,则可利用模型进行预测。

(5)衡量预测误差和预测精确性。主要包括确定预测误差、预测精确性的衡量指标并进行计算和分析等工作。由于实际情况受多方面因素的影响,而预测又不可能将所有因素都考虑在内,所以预测结果往往与实际值有一定的差距,即产生预测误差。通过误差分析,可进一步修改模型,提高预测精度。

(6)提出预测报告。

(7)追踪检验和模型更新。主要包括预测模型的评价、预测结果的分析与反思等工作,即将预测结果与实际发生情况进行对比,找出其差额,分析产生的原因,以修正预测模型,提高预测精度。

三、常用预测方法

随着现代科学技术的发展,预测科学广泛吸收应用数学、管理科学、数理统计、信息科学等领域的成果,预测方法迅速发展起来。据统计,目前预测方法有 300 多种,其中多数是在预测实践中的演变型和改进型方法。常用的基本预测方法大致可分为两类:一类是定性预测方法,另一类是定量预测方法。常用预测方法如图 4-2 所示。

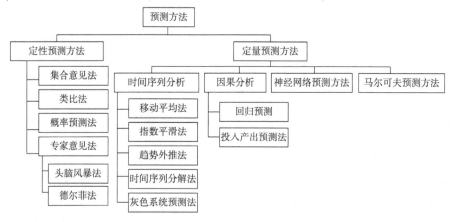

图 4-2 常用预测方法

第二节 定性预测法

一、定性预测法概述

定性预测法也称为主观预测方法,它主要根据预测人员的主观经验和综合分析判断能力,不用或仅用少量的计算,从被预测对象过去和现在的有关资料及相关因素的分析中,推测其未来发展状况的预测方法。

定性预测法综合性强,需要的数据少,能考虑无法定量的因素,是应用最早的一种预测技术。在定量预测技术得到很大发展的今天,定性预测方法仍有其不可忽视的重要作用,在掌握的数据不多、不够准确或主要影响因素难以用数字描述、无法进行定量分析时,定性预测法就是一种行之有效的预测方法,如在对事物发展性质、趋势、方向和重大转折的预测时,定性预测法具有较大的灵活性,易于充分发挥人的主观能动作用,且简单、迅速、省时省费用。

由于定性预测主要依靠预测者的经验和判断能力,易受主观因素的影响,主要目的不在数量估计。为了提高定性预测的准确程度,应注意以下几个问题:

(1)加强调查研究,努力掌握影响事物发展的有利条件、不利因素和各种活动的情况,使分析判断更加接近实际。

(2)在进行调查研究、搜集资料时,应做到数据和情况并重,通过质的分析进行量的估计,进行有数据、有情况的分析判断,提高定性预测的说服力。

(3)应将定性预测和定量预测相结合,提高预测质量。在预测过程中,应先进行定性分析,然后进行定量预测,最后进行定性分析,对预测结果进行调整定案。这样才能深入地判断事物发展过程的阶段性和重大转折点,提高预测的质量,为管理、决策提供依据。

定性预测方法有很多种,主要有专家意见法、集合意见法、概率预测法、类比法、指标预测法等。

(1)专家意见法是指根据预测的目的和要求,向有关专家提供一定的背景资料,请他们对事物未来的发展变化作出判断,并综合专家意见,得出预测结果的方法。专家意见法一般用于没有历史资料或历史资料不全、难以进行量的分析等情况下的预测。比较典型的专家意见法有头脑风暴法和德尔菲法。

(2)集合意见法是指集合企业经营管理人员、业务人员等的意见,凭他们的经验和判断共同对未来发展趋势进行预测的方法。由于经营管理人员、业务人员等比较熟悉市场需求及变化动向,他们的判断往往能反映市场的真实趋向。因此,集合意见法是进行近期预测的常用方法。

(3)类比法是指把预测目标与同类的或相似的先行事物加以对比分析,来推断预测目标未来发展趋向与可能水平的一种预测方法。类比法一般用于开拓新市场、预测购买力和需求量等。它适用于中、长期的预测。

(4)指标预测法是指利用统计指标及指标之间的联系,来推断预测目标未来发展趋向与可能水平的一种预测方法。

下面重点介绍头脑风暴法和德尔菲法。

二、头脑风暴法

头脑风暴(Brain Storming,BS)法是一种发挥人的创造性思维能力的直观预测方法。它最初是由美国创造学家 A·F·奥斯本于1939年首次提出,于1953年正式发表的一种激发性思维的方法。所谓头脑风暴,它最早是精神病理学上的用语,指精神病患者的精神错乱状态。而现在则成为无限制的自由联想和讨论的代名词,其目的在于产生新观念或激发创新设想。

头脑风暴法的基本思想是,邀请熟悉有关预测问题的专家或技术人员参加专题讨论会,参加会议的人可以不受任何约束地发表自己的意见,并鼓励发表不同意见。通过专家之间的这种面对面交谈和信息交流,引起思维共振,产生组合效应,形成宏观的智能结构,进行创造性思维。在此基础上,对事物的发展趋势作出预测。

采用头脑风暴法预测时,从明确问题到会后评价,其基本工作程序和要求主要包括以下几个方面。

1. 搞好会前准备工作

会前准备工作包括确定会议主题、指定会议主持人、选择并邀请专家。会议主题应简明、集中，并提前通报给与会人员，让与会人员有一定准备；会议主持人对于会议的成功与否起着关键作用，要求由对预测问题比较了解并熟悉头脑风暴法的处理程序和处理方法的人担任，能较好地把握会议的进程和方向，激起与会专家的思维"灵感"；所选专家应懂得该会议提倡的原则和方法，人数一般为 5～10 人，其中最好包括一些学识渊博、对所论及问题有较深理解的其他领域的专家。

2. 组织和控制好会议的全过程

会议要求与会专家充分发表意见，鼓励大家畅所欲言，提出各种方案。会议主持人不能带有倾向性，以免影响与会专家的思路。同时，会议主持人还要善于把握会议的主题，避免会议的讨论离题太远，使会议始终有一个焦点。记录人要将每个与会专家的设想（不论好坏）都完整地记录下来。

3. 做好会后的各项工作

会后要及时整理、分析会议记录。对会上反映的一些关键事实和重要数据做进一步的查证核实，对于应当出席而没有出席会议的人，或者在会上没有发言的人，最好进行补充记录。最后要对各种方案进行比较、评价、归类，最终确定预测方案。

实践证明，利用头脑风暴法对预测对象进行定性预测，通过专家之间直接交换信息，可引起较强的思维共振，充分发挥出创造性思维活动能力，有可能在较短时间内取得较为明显的创造性成果。此外，头脑风暴法还可以排除折中方案，对所提问题通过客观的、连续的分析，可以找到一组切实可行的方案。因此，头脑风暴法在各类预测中得到广泛的应用。

头脑风暴法也有一些缺点，如参加会议的人数有限，不能更广泛地收集意见；由于面对面讨论，可能出现少数人的正确意见屈服于多数人错误意见的情况；受表达能力的影响；会议有时会出现僵局；等等。

三、德尔菲法

德尔菲（Delphi）是古希腊传说中的神圣之地，因阿波罗神殿而出名，相传阿波罗太阳神有很高的预测未来的能力，因此德尔菲便成为预测未来的神谕之地。人们借用其名来表达这种方法在预测领域的重要意义。

1946 年，美国著名的咨询机构兰德公司为避免集体讨论存在的屈从于权威或盲目服从多数的缺陷，首创和使用了德尔菲法进行定性预测，后来该方法被迅速广泛采用。

德尔菲法也称为专家调查法。其基本思想是，在重视专家长期积累的经验和渊博知识的基础上，把专家的知识、经验和智慧等无法量化的、带有模糊性的信息，通过函询调查进行信息交换，经过几轮的征询和反馈，逐步得出专家群体倾向相对一致的预测结论，达到预测的目的。

1. 工作程序

德尔菲法在预测时要集合一个专家组，向其提供与预测问题有关的情况和资料，发送调查表，先由各个专家独立提出自己的意见，同时对专家们的意见进行统计处理和信息反馈，经过几轮循环，使得分散的意见逐渐汇总，最后得到预测结果。德尔菲法预测工作程序如图 4-3 所示。

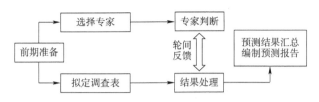

图 4-3 德尔菲法预测工作程序

具体做法如下:

(1)制订调查表,准备必要的背景材料。组织者根据预测目的和要求,把需要预测的问题列成调查表。调查问题要明确具体、便于答复且数量不宜过多。此外,组织者应准备一些与预测项目有关的背景资料,供专家回答问题时参考。这些资料只提供客观事实,不做任何评论,以免影响专家独立思考。资料应有一定的代表性,尽可能全面地反映情况,而不应有所偏好。

(2)选择专家。专家选择是否合适是该方法预测成败的关键。一般选择在预测问题相关各领域有较高理论水平或丰富实践经验、具有预见性和分析能力的人士。专家人数可根据预测课题的大小和涉及面的宽窄而定,不能过少也不能过多。专家人数过少则起不到集思广益的作用,专家人数过多则意见很难集中。一般以 10~50 人为宜。这些专家在回答问题时互相之间应无联系。

(3)反复征询意见。组织者将调查表和资料发给每一位专家,请专家按照调查表内容发表自己的意见,提出可能的补充资料,并按期寄回。由组织者将第一轮征集到的专家意见进行综合整理,形成新的意见征询表,连同补充的参考资料,一起发给各专家,请他们再发表意见。每位专家都可以从新的意见征询表中了解其他专家(不写明专家姓名)的不同意见,并作出分析判断,将自己的意见(修正或不修正)再次寄回。如此反复多次,直到专家意见趋于一致,取得满意的结果为止。

(4)整理专家意见,形成预测结果和报告。在征询结束后,组织者对最后一轮征询意见进行整理和评价,形成预测结果和报告。

2. 基本特点和适用性

德尔菲法具有匿名性、反馈性、收敛性等特点。

(1)匿名性。在征询调查中,应邀参加预测的专家彼此不见面、不沟通,消除了心理因素的影响,不受权威的约束和能言善辩者的左右,从而有利于预测活动的民主性和科学性。

(2)反馈性。预测结果是在经过几轮征询、专家不断修正其预测意见的基础上得出的。在此过程中,组织者对每一轮预测结果要进行整理、综合,应答者能从反馈渠道得知预测群体的主要意见以及各种不同意见的理由,并能进行分析与比较,互相启发,从而引起新的判断,提高了预测的准确性。

(3)收敛性。在轮番征询过程中,每次专家意见都经过统计、归纳、处理,专家意见就会相对集中而趋向一致,预测值趋于收敛。

总之,德尔菲法既能发挥每个专家的经验和判断力,又能将个人意见进行有效综合,避免了因为独立判断而不能集思广益的缺陷,是一种应用范围广、可操作性强的定性预测方法。德尔菲法主要适用于没有足够信息资料的中、长期预测。对于难以用精确的数学模型处理,需要征求意见的人数较多、成员较分散、经费有限、难以多次开会或因某种原因不宜当面交换意见的问题,用该方法预测效果较好。

德尔菲法也有一定的局限性,如轮番函询的时间较长,有时会忽视个别专家创造性的意见。

3. 预测结果处理

德尔菲法对预测结果的处理,通常采用的方法有算术平均法、加权平均法和中位数法。究竟选用哪种方法,一般要根据专家预测值的分布情况而定。如果数值分布比较分散,一般使用中位数法,以免受个别偏大或偏小判断值的影响;如果数值分布分散程度小,一般使用算术平均法,以便考虑每个判断值的影响;如果数值分布分散程度小,但在轮番征询专家阐明其结论的理由充分性、合理性有所不同时,则可以采用加权平均法处理,以便反映每个判断值的不同影响。

在轮番征询过程中,可用"四分位区间法"使专家意见趋于收敛。在统计学中,把所有数值由小到大排列并分成四等份,处于 3 个分割点位置的数值称为四分位数。

位于正中位置的数为中位数($Q_{中}$),表示预测结果的期望值。将专家预测结果从小到大顺序排列,当预测结果个数 n 为奇数时,正中位置的数为中位数;当预测结果个数 n 为偶数时,则以位于最中间的两个数的算术平均值为中位数。

位于 3/4 处与 1/4 处的两个数分别称为上、下四分位数。其中,下四分位数($Q_{下}$)表明预测期望值的下限,上四分位数($Q_{上}$)表明预测期望值的上限。[$Q_{下}$,$Q_{上}$]表明预测值的置信区间,即四分位区间。四分位区间包含了 50% 应答者的回答。四分位区间越小,反映专家们的判断越集中,反之就越分散,在下一轮征询中,就只需将四分位区间的值反馈给专家,而那些远离四分位的值就被淘汰,如此反馈几次即可得到比较集中的结果。如果四分位区间在反馈中不断向中位值收缩,就说明该项预测过程收敛性良好;反之,就要及时进行分析,找出其中的原因,进行控制解决。

【例 4-1】 德尔菲法应用案例

某公司研制出一种新兴产品,现在市场上还没有相似产品出现,因此没有历史数据可以获得。公司需要对可能的销售量作出预测,以决定产量。于是,该公司成立专家小组,并聘请业务经理、市场专家和销售人员等 8 位专家给出个人判断,预测全年可能的销售量。

将 8 位专家第一次判断的结果收集并分析整理,见表 4-1。

第一次判断结果(单位:千件)　　　　　　　　　表 4-1

第一次判断				从低至高排序结果			
专家编号	最低销售量	最可能销售量	最高销售量	顺序号	最低销售量	最可能销售量	最高销售量
1	500	750	900	1	100	200	350
2	200	450	600	2	200	300	400
3	400	600	800	3	250	300	500
4	750	900	1500	4	260	450	600
5	100	200	350	5	300	500	750
6	300	500	750	6	400	600	800
7	250	300	400	7	500	750	900
8	260	300	500	8	750	900	1500
平均数	345	500	725	中位数			

最低销售量的中位数为$(260+300)/2=280$；

最低销售量的下四分位数位置为$(8+1)\times 0.25=2.25$；

最低销售量的上四分位数位置为$(8+1)\times 0.75=6.75$；

最低销售量的下四分位数为$200+(250-200)\times(2.25-2)=212.5$；

最低销售量的上四分位数为$400+(500-400)\times(6.75-6)=475$；

四分位区间为$[212.5,475]$。

同理，可得最可能销售量、最高销售量的中位数分别为475和675，相应的四分位区间为$[300,712.5]$和$[425,875]$。

将四分位区间的值反馈给专家，让专家进行第二次判断，再将结果收集并分析整理后反馈给专家，让专家进行第三次判断。经过三次反馈得到结果，见表4-2。

专家判断结果（单位：千件） 表4-2

专家编号/序号	第二次判断			第三次判断			第三次判断排序结果		
	最低销售量	最可能销售量	最高销售量	最低销售量	最可能销售量	最高销售量	最低销售量	最可能销售量	最高销售量
1	600	750	900	550	750	900	300	410	600
2	300	500	650	400	580	650	400	500	600
3	500	700	800	500	700	800	400	500	610
4	600	750	1500	500	600	1250	300	580	650
5	220	400	500	300	500	600	370	600	750
6	300	500	750	300	600	750	500	600	800
7	250	400	500	400	500	700	550	700	900
8	350	400	600	370	410	610	500	750	1250
平均数	390	550	775	415	580	770	415	580	770

在用德尔菲法预测时，最终一次判断是综合前几次的反馈作出的，因此在预测时一般以最后一次判断为主。

（1）算术平均法

计算8位专家第三次判断的算术平均值可得这个新产品销售量的预测值为：

$$Q=\frac{415+580+770}{3}=588（千件）$$

（2）加权平均法

将最可能销售量、最低销售量和最高销售量分别按0.50、0.20和0.30的概率加权平均，可得这个新产品销售量的预测值为：

$$Q=580\times 0.50+415\times 0.20+770\times 0.30=604（千件）$$

（3）中位数法

同理，计算可得最低销售量、最可能销售量和最高销售量的中位数分别为335、590和700，相应的四分位区间分别为$[400,537.5]$、$[300,712.5]$和$[425,875]$。

将最可能销售量、最低销售量和最高销售量的中位数分别按0.50、0.20和0.30的概率

加权平均,可得这个新产品销售量的预测值为:
$$Q = 590 \times 0.5 + 335 \times 0.2 + 700 \times 0.3 = 572(千件)$$

第三节 回归分析预测方法

一、回归分析法概述

客观世界中的许多事物、现象、因素彼此关联而构成关系、过程、系统。通常,处在一个系统中的各种变量主要有两类关系:一类是函数关系,即一一对应的确定关系,如某种商品的销售额与销售量之间的关系;另一类是相关关系,即变量之间的关系不能用函数关系精确表达,一个变量的取值不能由另一个变量唯一确定,如父母亲身高与子女身高之间的关系、商品销售额与广告费支出之间的关系等。在相关关系的分析中,常用回归分析方法来研究变量之间的因果关系,并据此进行预测。

回归分析法源于生物学的研究。英国生物学家高尔登(Francis Galton)在19世纪末叶研究人体遗传特性时,发现父亲的身高与儿子的身高之间有较密切的联系。一般说来,身材高大的父亲其儿子的身材也较高大,身材矮小的父亲其儿子的身材也偏矮小。但进一步的研究发现,身高有一种向平均数回归的倾向,即身材很高的父亲,其儿子比父亲略矮;反之,身材很矮的父亲,其儿子比父亲略高。他把这种身高倾向于平均数回归的特性称为回归(Regression),并作为统计概念加以应用。后来,他又提出"相关"(Correlation)的概念,由此逐渐形成有独特理论和方法体系的回归分析。目前,回归分析的理论与应用,均已达到了成熟的阶段。

1. 相关分析与回归分析

相关分析是指对两个或两个以上变量之间相关关系的描述与度量。相关关系可分为完全相关、不完全相关和不相关三种不同的程度。函数关系中变量之间的关系是确定的,属于完全的相关关系。相关分析的主要对象是不完全的相关关系。

回归分析是指对具有相关关系的两个或两个以上变量之间数量变化的关系进行测定,通过一定的数学表达式将这种关系描述出来,进而确定一个或几个变量(自变量)的变化对另一个特定变量(因变量)的影响程度。

相关分析既可以研究因果关系的现象,也可以研究共变的现象,不必确定两个变量中谁是自变量,谁是因变量。而回归分析是研究两个变量具有因果关系的数学形式,因此必须事先确定变量中自变量与因变量的地位。在回归分析中,因变量是随机的,自变量是可控制的解释变量,不是随机变量。因此,回归分析只能用自变量来估计因变量,而不允许由因变量来推测自变量。

回归分析和相关分析是互相补充、密切联系的。回归分析应该建立在相关分析的基础上,相关分析需要通过回归分析来表明现象数量相关的具体形式。依靠相关分析表明现象的数量变化密切相关,进行回归分析求其相关的具体形式才有意义。在相关程度很低的情况下,回归函数的表达式代表性就很差。

2. 回归分析预测方法及种类

回归分析预测是指从被预测变量和与其有关的解释变量之间的因果关系出发,通过建立回归分析模型,预测对象未来发展的一种定量方法。

回归预测技术的种类繁多,按回归分析预测模型所含的变量多少划分,有一元回归分析和多元回归分析;按变量之间的关系划分,有线性回归分析和非线性回归分析;按所含变量的属性划分,有数量回归分析和非数量(虚变量)回归分析。由于大多数非线性回归分析的问题都可以转化为线性回归分析的问题来处理,而多元回归分析的原理又同二元回归分析的原理一致,这里我们主要讨论线性回归问题,并简单介绍可以转化为线性的非线性回归问题。

3. 回归分析预测的基本原理和步骤

回归分析预测的基本思想和原理是,具有相关关系的变量虽然不能用准确的函数式表达其联系,却可以通过大量试验数据(或调查数据)的数理统计分析,找出各相关因素的内在规律,从而近似地确定出变量间的函数关系,实现对变量的估计和测定。

用回归分析进行系统预测的过程包括以下步骤:

(1)进行相关关系分析。分析要预测的变量间是否存在相关关系以及相关的程度。若没有相关关系,则不能利用回归预测模型进行预测;若存在相关关系,则进一步确定变量间是线性关系还是非线性关系,然后再进行下一步。

(2)计算模型中的参数,建立回归预测模型。根据上一步的分析结果,计算回归预测模型中的系数,具体写出变量间的回归方程式。

(3)利用模型进行预测。根据要求,利用模型进行预测。

(4)进行预测值置信度检验。预测值是否可信、其波动范围如何,需进一步做置信度的检验。

二、一元线性回归分析

一元线性回归分析是指成对的两个变量数据分布大体上呈直线趋势时,运用合适的参数估计方法,求出一元线性回归模型,然后根据自变量与因变量之间的关系,预测因变量的趋势。

设预测对象为因变量 Y,具有因果关系的相关因素为自变量 X,给定 n 对样本数据 $(x_1, y_1), (x_2, y_2), \cdots, (x_n, y_n)$,将这些数据绘出散点图,当其走向大致趋于一条直线时,可以建立直线回归方程:

$$Y = a + bX \tag{4-1}$$

式中:a——直线在 y 轴上的截距;

b——直线的斜率,又称为回归系数。

回归系数的含义是,当自变量 X 每增加一个单位时,因变量 Y 的平均增加值。当 b 的符号为正时,表示两个变量是正相关;当 b 的符号为负时,表示两个变量是负相关。a, b 都是待定参数,可以用最小平方法(最小二乘法)求得。

自变量 X 可以是时间,也可以是其他变量。当自变量 X 是时间 t 时,即为趋势外推法。

1. 模型参数的最小二乘法估计

最小二乘法是通过数学模型寻找一条较为理想的趋势线。这条趋势线必须满足下列两点要求:①原数列的观察值与模型估计值的离差平方和为最小;②原数列的观察值与模型估计值的离差总和为零。

对应于每一个 x_i,根据回归直线方程可计算出一个因变量估计值 $\hat{y}_i(i=1,2,3,\cdots,n)$,实际观察值 y_i 与回归估计值 $\hat{y}_i$ 之间的离差记作 $e_i = y_i - \hat{y}_i$。现在要确定一组参数 $(a、b)$,使其对应的离差平方和最小,即:

$$\min \sum_{i=1}^{n} e_i^2 = \min \sum_{i=1}^{n} (y_i - a - bx_i)^2 \tag{4-2}$$

把 $a、b$ 看成变量,对等式求偏导数,并令其等于零,经整理得到求 $a、b$ 的计算公式为:

$$b = \frac{L_{xy}}{L_{xx}} = \frac{n\sum x_i y_i - \sum x_i \sum y_i}{n\sum x_i^2 - (\sum x_i)^2} \tag{4-3}$$

$$a = \bar{y} - b\bar{x} = \frac{\sum y_i \sum x_i^2 - \sum x_i y_i \sum x_i}{n\sum x_i^2 - (\sum x_i)^2} \tag{4-4}$$

其中,

$$\bar{x} = \frac{1}{n}\sum_{i=1}^{n} x_i \tag{4-5}$$

$$\bar{y} = \frac{1}{n}\sum_{i=1}^{n} y_i \tag{4-6}$$

$$L_{xx} = \sum_{i=1}^{n}(x_i - \bar{x})^2 = \sum_{i=1}^{n} x_i^2 - \frac{1}{n}(\sum_{i=1}^{n} x_i)^2 \tag{4-7}$$

$$L_{xy} = \sum_{i=1}^{n}(x_i - \bar{x})(y_i - \bar{y}) = \sum_{i=1}^{n} x_i y_i - \frac{1}{n}(\sum_{i=1}^{n} x_i)(\sum_{i=1}^{n} y_i) \tag{4-8}$$

另外,引入:

$$L_{yy} = \sum_{i=1}^{n}(y_i - \bar{y})^2 = \sum_{i=1}^{n} y_i^2 - \frac{1}{n}(\sum_{i=1}^{n} y_i)^2 \tag{4-9}$$

2. 显著性检验

一元线性回归模型是否符合变量之间的客观规律,两个变量之间是否具有显著的线性相关关系,这就需要对回归模型进行显著性检验。常用的检验方法有相关系数检验、F 检验和 t 检验。下文将介绍相关系数检验。

相关系数用 r 表示,其计算公式为:

$$r = \frac{L_{xy}}{\sqrt{L_{xx}L_{yy}}} = \frac{\sum(x_i - \bar{x})(y - \bar{y})}{\sqrt{\sum(x_i - \bar{x})^2 \sum(y - \bar{y})^2}} \tag{4-10}$$

相关系数 r 的取值范围为 $(-1 \leq r \leq 1)$。若 r 值为负,称为负相关,表明 Y 随 X 的增加而减少;若 r 值为正,称为正相关,表明 Y 随 X 的增加而增加。r 的绝对值越接近1,相关关系越强;r 的绝对值越接近0,相关关系越弱。为了保证回归方程具有最低程度的线性关系,要求 r 值大于相应的临界值 r_0,这个临界值可查表得出。通常认为:

(1) 当 $0 < |r| \leq 0.3$ 时,为微弱相关。
(2) 当 $0.3 < |r| \leq 0.5$ 时,为低度相关。
(3) 当 $0.5 < |r| \leq 0.8$ 时,为显著相关。
(4) $0.8 < |r| < 1$ 时,为高度相关。

3. 预测值置信区间估计

由回归模型得出的预测值是点估计值,它不能给出估计的精度。点估计值与实际值之间是有误差的,因此需要进行预测值置信区间估计。所谓置信区间,是指在一定的显著性水平上,依据统计方法计算出的包括预测目标未来真实值的某一区间范围。

在给定的置信水平 α 下,对于自变量 X 的一个给定值 x_0,相应的 y_0 的置信区间为:

$$[y_0 - t_{\alpha/2}S, y_0 + t_{\alpha/2}S] \qquad (4\text{-}11)$$

式中:S——剩余标准差,用以估计观察值 Y 对回归方程的离散程度,其计算公式为:

$$S = \sqrt{\frac{L_{xx}L_{yy} - (L_{xy})^2}{(n-2)L_{xx}}} \qquad (4\text{-}12)$$

【例 4-2】 某地区过去 10 年的货运量与该市社会总产值的一组统计资料见表 4-3,试分析该地区货运量与社会总产值之间的关系,并预测当该地区的社会总产值达到 70 亿元时,该地区的货运量会在什么范围?

某地区过去 10 年社会总产值与货运量统计资料　　　　表 4-3

年份	1	2	3	4	5	6	7	8	9	10
社会总产值（亿元）	38.4	42.9	41.0	43.1	49.2	53.7	55.1	58.4	61.9	65.6
货运量（千万 t）	15.0	25.8	30.0	36.6	44.4	48.3	50.4	60.9	67.6	74.5

解:

(1) 进行相关关系分析。

令货运量为因变量 Y,社会总产值为自变量 X,将每一对统计值 (x_i, y_i) 标在直角平面坐标系中,做散点图,如图 4-4 所示。

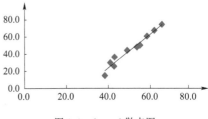

图 4-4　(x_i, y_i) 散点图

从图 4-4 中可以看出,这组数据大致落在一条直线两旁,说明社会总产值与货运量有一定的关系,且是一种正线性相关关系。这种关系可以用一条线性直线拟合。其拟合方程为:

$$Y = a + bX$$

(2) 计算模型中的参数,建立回归预测模型。

根据上一步的分析结果,列表计算,回归预测计算表见表 4-4。

回归预测计算表　　　　表 4-4

年　份	社会总产值 x_i	货运量 y_i	$x_i y_i$	x_i^2	y_i^2
1	38.4	15.0	576.00	1474.56	225.00
2	42.9	25.8	1106.82	1840.41	665.64
3	41.0	30.0	1230.00	1681.00	900.00
4	43.1	36.6	1577.46	1857.61	1339.56
5	49.2	44.4	2184.48	2420.64	1971.36
6	53.7	48.3	2593.71	2883.69	2332.89
7	55.1	50.4	2777.04	3036.01	2540.16
8	58.4	60.9	3556.56	3410.56	3708.81

续上表

年 份	社会总产值 x_i	货运量 y_i	$x_i y_i$	x_i^2	y_i^2
9	61.9	67.6	4184.44	3831.61	4569.76
10	65.6	74.5	4887.20	4303.36	5550.25
合计	509.3	453.5	24673.7	26739.5	23803.4

根据表 4-4 中数据计算相关参数如下：

$$\bar{x} = \frac{1}{n}\sum_{i=1}^{n} x_i = \frac{509.3}{10} = 50.93$$

$$\bar{y} = \frac{1}{n}\sum_{i=1}^{n} y_i = \frac{453.5}{10} = 45.35$$

$$L_{xx} = \sum_{i=1}^{n} x_i^2 - \frac{1}{n}\left(\sum_{i=1}^{n} x_i\right)^2 = 26739.45 - \frac{1}{10} \times (509.3)^2 = 800.80$$

$$L_{yy} = \sum_{i=1}^{n} y_i^2 - \frac{1}{n}\left(\sum_{i=1}^{n} y_i\right)^2 = 23803.43 - \frac{1}{10} \times (453.5)^2 = 3237.21$$

$$L_{xy} = \sum_{i=1}^{n} x_i y_i - \frac{1}{n}\left(\sum_{i=1}^{n} x_i\right)\left(\sum_{i=1}^{n} y_i\right) = 24673.71 - \frac{1}{10} \times 509.3 \times 453.5 = 1576.96$$

$$b = \frac{L_{xy}}{L_{xx}} = \frac{1576.96}{800.80} = 1.97$$

$$a = \bar{y} - b\bar{x} = 45.35 - 1.97 \times 50.93 = -54.94$$

由上述计算结果可得回归方程为：

$$Y = -54.94 + 1.97X$$

(3) 利用模型进行预测。

将 $X = 70$ 代入回归方程，得：

$$Y = -54.94 + 1.97 \times 70 = 82.96$$

即当该地区的社会总产值达到 70 亿元时，该地区的货运量预测值为 8.296 亿 t。

(4) 相关性检验与预测值置信度区间估算。

利用表 4-4 中的数据，可求得相关系数：

$$r = \frac{L_{xy}}{\sqrt{L_{xx} L_{yy}}} = \frac{1576.96}{\sqrt{800.80 \times 3237.21}} = 0.98$$

说明该地区社会总产值与货运量之间高度相关，这与前面的分析结论是一致的。

取置信度为 95%，即当 $\alpha = 0.05$ 时，查正态分布的双侧分位数表得：$t_{\alpha/2} = 1.96$，则：

$$S = \sqrt{\frac{L_{xx}L_{yy} - (L_{xy})^2}{(n-2)L_{xx}}} = \sqrt{\frac{800.80 \times 3237.21 - (1576.96)^2}{(10-2) \times 800.80}} = 4.06$$

$$y_0 - t_{\alpha/2} S = 82.96 - 1.96 \times 4.06 = 75.00$$

$$y_0 + t_{\alpha/2} S = 82.96 + 7.96 = 90.92$$

所以，当 $x = 70$，置信度为 95% 时，y 的置信区间值为 [75.00, 90.92]，即当该地区的社会总产值达到 70 亿元时，货运量在 [75.00, 90.92] 范围内。

三、多元线性回归分析

在经济领域中有许多问题,一个变量往往受多个因素的影响。例如,一个工厂的生产量受到劳动力、资金、原材料、能源等投入量的影响;商品的销售量受到商品本身的价格、消费者收入及其他因素的影响。为了全面地揭示这种复杂的依存关系,准确地测定它们的数量变动,提高预测和控制的精确度,就要建立多元回归模型,进行更为深入和系统的分析。多元回归预测与一元回归预测的原理基本相同,只是变量更多,因而计算也更为复杂。在自变量超过 3 个时,一般要用矩阵运算,手工计算已很困难,需要借助计算机使用专门的软件计算。

1. 多元线性回归模型

如果在对变量 Y 与 $X_i (i=1,2,\cdots,m)$ 的 n 次观测中,获得了如下数据:

$$X = \begin{pmatrix} x_{11} & x_{12} & \cdots & x_{1n} \\ x_{21} & x_{22} & \cdots & x_{2n} \\ \vdots & \vdots & & \vdots \\ x_{m1} & x_{m2} & \cdots & x_{mn} \end{pmatrix} \quad Y = \begin{pmatrix} y_1 \\ y_2 \\ \vdots \\ y_n \end{pmatrix}$$

则多元线性回归模型的一般形式可表示为:

$$Y = a + b_1 X_1 + b_2 X_2 + \cdots + b_m X_m \tag{4-13}$$

式中: Y——多元线性回归因变量;

a——待定参数;

$b_i (i=1,2,\cdots,m)$——Y 对 $X_i (i=1,2,\cdots,m)$ 的回归系数。

在多元线性回归方程中,因变量 Y 对自变量 X_i 的回归系数 $b_i (i=1,2,\cdots,m)$ 表示当其他自变量都固定时,该自变量变化一个单位而使 Y 平均变化的量,所以又称为偏回归系数。参数 a、$b_i (i=1,2,\cdots,m)$ 的确定,与一元线性回归方程参数的确定方法相同,仍然采用最小二乘法。根据最小二乘法原理,应使下式为最小:

$$\sum_{j=1}^{n}(Y_j - \hat{Y}_j)^2 = \sum_{k=1}^{n}(Y_k - a - b_1 X_{1k} - b_2 X_{2k} - b_3 X_{3k} - \cdots - b_m X_{mk})^2 \tag{4-14}$$

对上式中的 a、$b_i (i=1,2,\cdots,m)$ 分别求偏导,并令其等于零,经整理后得:

$$\begin{cases} L_{11} b_1 + L_{21} b_2 + \cdots + L_{m1} b_m = L_{Y1} \\ L_{12} b_1 + L_{22} b_2 + \cdots + L_{m2} b_m = L_{Y2} \\ \cdots \\ L_{1m} b_1 + L_{21} b_2 + \cdots + L_{mm} b_m = L_{Ym} \end{cases} \tag{4-15}$$

$$a = \bar{Y} - \sum_{i=1}^{m} b_i \bar{X}_i \tag{4-16}$$

在式(4-15)和式(4-16)中:

$$\bar{X}_i = \frac{1}{n}\sum_{k=1}^{n} X_{ik} \quad (i=1,2,\cdots,m) \tag{4-17}$$

$$\bar{Y} = \frac{1}{n}\sum_{k=1}^{n} Y_k \tag{4-18}$$

$$L_{ij} = \sum_{k=1}^{n}(X_{ik} - \bar{X}_i)(X_{jk} - \bar{X}_j) = \sum_{k=1}^{n} X_{ik} X_{jk} - \frac{1}{n}(\sum_{k=1}^{n} X_{ik})(\sum_{k=1}^{n} X_{jk}) \quad (i,j=1,2,\cdots,m) \tag{4-19}$$

$$L_{Yj} = \sum_{k=1}^{n}(Y_k - \bar{Y})(X_{jk} - \bar{X}_j) = \sum_{k=1}^{n}X_{jk}Y_k - \frac{1}{n}(\sum_{k=1}^{n}X_{jk})(\sum_{k=1}^{n}Y_k) \quad (j=1,2,\cdots,m) \tag{4-20}$$

$$L_{YY} = \sum_{k=1}^{n}(Y_k - \bar{Y})^2 = \sum_{k=1}^{n}Y_k^2 - \frac{1}{n}(\sum_{k=1}^{n}Y_k)^2 \tag{4-21}$$

式(4-15)称为多元线性回归方程的正则方程,利用式(4-15)及式(4-16)可确定a、b_i($i=1,2,\cdots,m$),从而得到多元线性回归方程。

2. 相关性检验与预测值置信度检验

同一元线性回归分析一样,对已经确定的多元线性回归分析模型能否较好地反映事物之间的内在规律,要进行线性相关的检验。可用全相关系数R(相当于一元回归分析的相关系数)来测定变量Y与X_i($i=1,2,\cdots,m$)之间是否线性相关以及相关的程度,用剩余标准差S来测定预测值的置信区间。

全相关系数R的计算公式为:

$$R = \sqrt{\frac{\sum_{i=1}^{m}b_i L_{Yi}}{L_{YY}}} \quad (0 \leq R \leq 1) \tag{4-22}$$

R反映了多元线性回归对观察数据的代表性,R的值越大,表明变量Y与X_i($i=1,2,\cdots,m$)之间的线性关系越显著。

剩余标准差S的计算公式为:

$$S = \sqrt{\frac{L_{YY} - \sum_{i=1}^{m}b_i L_{Yi}}{n-m-1}} \tag{4-23}$$

四、非线性回归分析

在实际问题中,因变量和自变量之间的相关关系并非都是线性关系,也存在非线性关系。当因变量和自变量之间的相关关系为非线性关系时,求出的拟合模型就不再是一个直线,而是一个曲线,在统计上称之为非线性回归或曲线回归。非线性回归按照自变量的个数,可以分为一元非线性回归和多元非线性回归。而曲线的形式也因实际统计资料的不同而有多种,如双曲线、指数曲线、S形曲线等。具体拟合成什么样的曲线,有的要根据理论分析或过去积累的经验来确定,有的则必须根据实际资料的散点图来确定。通常的做法是,采用变量代换法把非线性回归问题转换成线性回归问题来处理,使线性回归分析的方法也能适用于非线性回归问题的研究。

常见的非线性回归模型的处理方法见表4-5。

常见非线性回归模型的线性化处理 表4-5

非线性回归类型	数学模型	变换手段	变量代换	线性回归模型
指数回归	$y = ab^x$	等式两边取对数 $\ln y = \ln a + x\ln b$	$Y = \ln y$ $A = \ln a$ $B = \ln b$	$Y = A + Bx$
幂回归	$y = ax^b$	等式两边取对数 $\ln y = \ln a + b\ln x$	$Y = \ln y$ $X = \ln x$ $A = \ln a$	$Y = A + bX$
对数回归	$y = a + b\ln x$		$X = \ln x$	$y = a + bX$
抛物线回归	$y = a_0 + a_1 x + a_2 x^2$		$x_1 = x, x_2 = x^2$	$y = a_0 + a_1 x_1 + a_2 x_2$

第四节 投入产出预测法

一、投入产出法概述

投入产出法也称为产业关联法或部门联系平衡法,它是由美国经济学家列昂节夫于20世纪30年代首先提出。该方法最初是用于研究一国的国民经济各个产业部门间在产品生产和消耗上的数量依存关系,反映各部门间错综复杂的联系。由于投入产出法对以实验为依据的经济研究中最有成效,列昂节夫在1973年获得了诺贝尔经济学奖。

投入产出法是以一定的经济理论为指导,利用投入产出表和相应的数学模型,研究各种经济活动的投入与产出之间的数量关系,特别是研究和分析国民经济各个部门在产品的生产与消耗之间数量依存关系的一种方法。它可用于研究经济系统中各子系统之间投入与产出之间的相互关系,进行经济预测、经济计划、政策模拟以及综合平衡。

投入产出法用于预测,主要对经济系统的投入和产出之间的依存关系进行双向的定量分析,建立投入产出模型,用于经济和社会发展方面的预测(如事先预测出计划期内的总需求以制订国民经济和社会发展计划)、经济比例关系预测(如三次产业结构关系比例、生产与分配间的比例关系、积累和消费的比例关系等)、拟议中政策后果的预测(如投资政策、税收政策、工资政策、环境保护政策等)等。

投入产出模型包括相互关联的两个部分:一部分是按"产品部门"法编制的投入产出表,另一部分是从系统论观点建立的数学模型。连接投入产出表和数学模型两者之间的桥梁则是投入产出参数——直接消耗系数和完全消耗系数。

在投入产出法中,有两个隐含的基本假定:一是同质性假定,就是假设各个部门都是以特定的投入结构来生产特定的产品,且不同部门的产品没有代用现象;二是比例性假定,就是假设每个部门的各项投入是该部门总产出水平的唯一线性函数。所以,此预测结果是近似的。

二、投入产出表

投入产出分析是在编制投入产出表的基础上进行的。投入产出表就是把经济系统中各部门(或有关地区、企业等)有关投入产出的实际资料,按照投入来源和产出去向排列而成的一种纵横交叉的、棋盘式的综合平衡表。该表集中反映了该系统各部门之间的投入产出的数量关系。

在这里,投入是指从事一项经济活动的消耗。例如,生产过程和运输过程中所消耗的原材料、辅助材料、能源、机器设备和人的劳动等就是从事生产和运输活动的投入。产出是指从事经济活动的结果。例如,生产活动的结果,是得到一定数量的产品;运输活动的结果,是完成了一定数量的运输量,这些都是它们的产出。

1. 投入产出表的类型

按照不同的分类方法,可将投入产出表分为不同的类型。

(1)按计量单位的不同可分为实物型投入产出表和价值型投入产出表。在投入产出表中,表中数字若为价值单位,则为价值型投入产出表;表中数字若为实物单位,则为实物型投入产出表。一般所说的投入产出表,大多是指价值型投入产出表。

(2)按编制范围的不同可分为全国性投入产出表和省级、地区级、企业投入产出表等。若投入产出表是对整个国家的各经济部门编制的,则称为全国性投入产出表。目前,世界银行组织也在编制世界投入产出表。

(3)按编制时期的不同可分为投入产出统计表和投入产出计划表。在投入产出表中,表中的数字若为统计数字(已经实现了的指标),则为投入产出统计表,可用于进行经济分析、政策分析;表中的数字若为预测值或计划值,则为投入产出计划表,可用于进行经济预测、政策模拟、安排生产计划等。

(4)按分析时间的不同可分为静态投入产出表和动态投入产出表。静态模型较为成熟,应用较广;动态模型还很不完善,尚未得到广泛的应用。

另外,还有一些专门的投入产出表,如能源投入产出表、环境分析用投入产出表等。

2. 投入产出表的基本结构和关系

投入产出表的基本结构见表4-6。

投入产出表　　　　　　　　　　　　　表4-6

投入 \ 产出		中间产品						最终产品					总产出
		消耗部门						消费	积累	出口	固定资产更新改造大修	合计	
		1	2	…	j	…	n	合计					
中间投入	生产部门 1	X_{11}	X_{12}	…	X_{ij}	…	X_{1n}	$\sum_{j=1}^{n} X_{1j}$	W_1	K_1	E_1	R_1	Y_1	X_1
	2	X_{21}	X_{22}	…	X_{ij}	…	X_{2n}	$\sum_{j=1}^{n} X_{2j}$	W_2	K_2	E_2	R_2	Y_2	X_2
	⋮	⋮	⋮	(Ⅰ)	⋮	⋮	⋮	⋮	⋮	⋮	(Ⅱ)	⋮	⋮
	i	X_{i1}	X_{i2}	…	X_{ij}	…	X_{in}	$\sum_{j=1}^{n} X_{ij}$	W_i	K_i	E_i	R_i	Y_i	X_j
	⋮	⋮	⋮	⋮	⋮	⋮	⋮	⋮	⋮	⋮	⋮	⋮	⋮	⋮
	n	X_{n1}	X_{n2}	…	X_{nj}	…	X_{nn}	$\sum_{j=1}^{n} X_{nj}$	W_n	K_n	E_n	R_n	Y_n	X_n
	合计	$\sum_{i=1}^{n} X_{i1}$	$\sum_{i=1}^{n} X_{i2}$	…	$\sum_{i=1}^{n} X_{ij}$	…	$\sum_{i=1}^{n} X_{in}$						
新创造价值	劳动报酬	V_1	V_2	…	V_j	…	V_n						
	社会纯收入	M_1	M_2	…	M_j	…	M_n		(Ⅳ)				
固定资产折旧		D_1	D_2	(Ⅲ)	D_j	…	D_n						
合计		Z_1	Z_2	…	Z_j	…	Z_n						
总投入		X_1	X_2	…	X_j	…	X_n						

从表 4-6 可以看出,一个投入产出表包括四个部分,分别称为第Ⅰ、Ⅱ、Ⅲ、Ⅳ象限。

第Ⅰ象限:部门间交易象限,也称部门间流量象限。它是一个横行、纵列部门数目完全相同,排列也一致的表格,反映了国民经济各部门之间生产与分配的关系,即各物质生产部门之间投入与产出的联系,是投入产出表的核心。行代表产出,列代表投入,行与列交叉处的每个格表示各部门间的流量。每个部门既是投入的消耗者,又是产出的生产者。在编制投入产出表时,取得第一部分的正确资料,是进行一系列分析计算的基础。

第Ⅱ象限:最终用途象限,也称最终产品象限。第Ⅱ象限是第Ⅰ象限在水平方向的延伸,反映各物质生产部门的年总产品中,可供社会最终消费或使用的产品。具体地说,它反映各物质生产部门产品用于消费、积累、进出口以及固定资产更新和大修理等最终使用的情况。从横行看,各项数字合计就是各部门的最终产品,用 Y_i 表示;从纵列看,各项数字说明最终产品是由哪些生产部门提供的。所有部门最终产品之和 $\sum_{i=1}^{n} Y_i$,即社会总产值或国民生产总值。

第Ⅲ象限:增加价值象限。第Ⅲ象限是第Ⅰ象限在垂直方向的延伸,既反映了社会最终产值(国民生产总值)的价值形成过程,也反映了国民收入的初次分配。它通常包括劳动报酬(如劳动者的个人收入)、社会纯收入(如政府的税收)和固定资产折旧等。

第Ⅳ象限:直接购买要素象限。第Ⅳ象限是由第Ⅱ、Ⅲ象限共同延伸组成的,它主要反映国民收入的再分配情况。国民收入的再分配问题较复杂,也没有前三个部分重要,通常不考虑。不过,在进行国民经济核算时它是必要的,特别是在计算国内生产总值方面很重要。

通过上述对投入产出表结构的分析,我们得知投入产出表中有如下几个平衡关系:①第Ⅰ象限中物质消耗之和等于中间产品之和,说明生产过程中消耗的生产资料要以同量的中间产品来补偿;②第Ⅲ象限的合计等于第Ⅱ象限的合计,说明社会最终产值从数量上等于国民收入与本年度的固定资产折旧额之和;③每一列的总计等于每一行的总计,说明国民经济各部门生产的产品和分配使用在总量上是相等的。

三、投入产出法的数学模型

1. 模型中的符号

在建立投入产出的数学模型之前,进一步明确投入产出表中各符号的含义如下:

X_i 表示第 i 部门的产值,$i=1,2,3,\cdots,n$。

X_{ij} 表示第 i 部门产品用作第 j 部门生产消耗的数量,或者说,第 j 部门在生产过程中消耗掉的第 i 部门产品的数量,$i,j=1,2,3,\cdots,n$。

Y_i 表示第 i 部门最终产品的合计数,$i=1,2,3,\cdots,n$。

V_j 表示第 j 部门在生产过程中所支付的劳动报酬的数额,如工资、奖金、津贴等,$j=1,2,3,\cdots,n$。

M_j 表示第 j 部门劳动者所创造的社会纯收入的数额,如利润、税金等,$j=1,2,3,\cdots,n$。

D_j 表示第 j 部门生产过程中所消耗的固定资产价值,即固定资产折旧额,$j=1,2,3,\cdots,n$。

2. 基本假设与模型

投入产出数学模型的建立基于以下两个基本假设:

(1)一切部门生产的总产品,不是用于生产性消耗(中间需要),就是用于最终消耗(最

终需要)。也就是说,从投入产出表的水平方向来看,应该有如下的关系式成立:

$$\begin{cases} X_{11} + X_{12} + \cdots + X_{1n} + Y_1 = X_1 \\ \quad\quad\quad\quad\quad\quad \vdots \\ X_{n1} + X_{n2} + \cdots + X_{nn} + Y_n = X_n \end{cases}$$

上述关系式可写为:

$$\sum_{j=1}^{n} X_{ij} + Y_i = X_i \quad (i=1,2,3,\cdots,n) \tag{4-24}$$

(2)国民生产总值应等于中间产品的转移价值加上新创造价值的总和。也就是说,从投入产出表的垂直方向来看,应该有如下的关系式成立:

$$\begin{cases} X_{11} + X_{21} + \cdots + X_{n1} + V_1 + M_1 + D_1 = X_1 \\ \quad\quad\quad\quad\quad\quad \vdots \\ X_{1n} + X_{2n} + \cdots + X_{nn} + V_n + M_n + D_n = X_n \end{cases}$$

同样,上述关系式可写为:

$$\sum_{i=1}^{n} X_{ij} + V_j + M_j + D_j = X_j \quad (j=1,2,3,\cdots,n) \tag{4-25}$$

式(4-24)和式(4-25)这两组关系式就构成了投入产出的数学模型。这个模型实际上是一个有 $2n$ 个方程的线性方程组。

应该说明的是,由于实物型投入产出表中各类产品的度量单位不一样,所以,纵向不能相加。也就是说,实物型的投入产出表没有第二组关系式。

从总量上说,国民生产总值应该与各部门的固定资产折旧总额及新创造价值总额之和相等,即:

$$\sum_{i=1}^{n} Y_i = \sum_{j=1}^{n} (V_j + M_j + D_j) \quad (i,j=1,2,3,\cdots,n) \tag{4-26}$$

但是,某个部门所提供的最终产品与该部门的新创造价值与固定资产折旧额之和,在数量上并不一定相等。一般来说:$Y_i \neq V_j + M_j + D_j \quad (i,j=1,2,3,\cdots,n)$。

四、投入产出模型参数

通过投入产出的数学模型,进一步讨论投入产出表中各数字之间的数量关系,定义投入产出模型的几个重要参数,可以建立一个新的投入产出模型关系式。

1. 直接消耗系数 a_{ij}

直接消耗系数 a_{ij} 表示 j 部门在单位产品的生产过程中对 i 部门产品的直接消耗量,其计算公式如下:

$$a_{ij} = \frac{X_{ij}}{X_j} \quad (i,j=1,2,3,\cdots,n) \tag{4-27}$$

由式(4-27)有:

$$X_{ij} = a_{ij} X_j \quad (i,j=1,2,3,\cdots,n) \tag{4-28}$$

将其代入式(4-24)有:

$$\sum_{j=1}^{n} a_{ij} X_j + Y_i = X_i \quad (i=1,2,3,\cdots,n) \tag{4-29}$$

用矩阵表示,就是

$$AX + Y = X \tag{4-30}$$

其中： $A = \begin{pmatrix} a_{11} & a_{12} & \cdots & a_{1n} \\ a_{21} & a_{22} & \cdots & a_{2n} \\ \vdots & \vdots & & \vdots \\ a_{n1} & a_{n2} & \cdots & a_{nn} \end{pmatrix}$ $X = \begin{pmatrix} X_1 \\ X_2 \\ \vdots \\ X_n \end{pmatrix}$ $Y = \begin{pmatrix} Y_1 \\ Y_2 \\ \vdots \\ Y_n \end{pmatrix}$

$A = (a_{ij})$，是由直接消耗系数 a_{ij} 构成的 $n \times n$ 矩阵，称为直接消耗系数矩阵。其中，X 为总产品列向量，Y 为最终产品列向量。

由此可见，投入产出表实际上是一套借助于直接消耗系数把最终产品和总产品联系起来的方程组。

对式(4-30)进行变换可得，

$$Y = X - AX = (I - A)X \tag{4-31}$$

$$X = (I - A)^{-1} Y \tag{4-32}$$

当已知最终产品列向量 Y 时，即可用上式求出各部门总产品列向量 X。

各物质生产部门的直接消耗系数是以部门间的生产技术联系为基础的。例如，生产 1t 化肥所消耗的煤炭、电力等是由生产技术条件决定的，所以直接消耗系数也称为技术系数。部门间的直接消耗系数表明部门之间的直接联系强度，a_{ij} 越大，说明 j 部门与 i 部门联系越密切；若 $a_{ij} = 0$，说明 j 部门与 i 部门没有直接的生产和技术的联系。

某部门的直接消耗系数 a_{ij} 数值的大小，主要取决于该部门的技术水平和管理水平、该部门的产品结构和价格变动。一个部门中包含有多种不同产品，这些产品对原材料、辅助材料、燃料等的消耗水平差别很大，所以产品结构变动对部门的直接消耗系数的数值影响很大。

2. 完全消耗系数 b_{ij}

各物质生产部门之间除存在直接消耗关系外，还存在着间接消耗，如炼钢过程中直接消耗了电力，是钢对电力的直接消耗；同时，炼钢需要炼钢设备、耐火材料和生铁等，制造炼钢设备、冶炼生铁等也要消耗电力，这是钢对电力的一次间接消耗；冶炼生铁需要铁矿石与炼铁设备等，开采铁矿石与制造炼铁设备也需要消耗电力；继续下去，可以找出钢对电力多次间接消耗炼钢对电力消耗如图 4-5 所示。

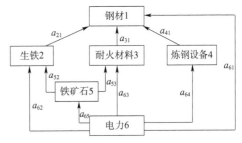

图 4-5 炼钢对电力消耗的示意图

需要说明的是，图中只列了与炼钢相关的 6 种产品，远没有把与炼钢有关的所有产品都列出来，只是为了帮助直观地理解间接消耗的含义。图中每一个方框内的产品都有标号，其目的是使图中的线段上都可以记上直接消耗系数的标记。箭头都代表直接消耗，箭头所指向的方框，表示该方框内的产品要直接消耗某一产品的数量，如 a_{61} 表示炼钢对电力的直接消耗系数；a_{62} 表示炼铁对电力的直接消耗系数。

从图 4-5 中可以看出，炼钢对电力的直接消耗系数为 a_{61}；通过炼钢设备、耐火材料和生铁形成了对电力的一次间接消耗，分别为 $a_{64}a_{41}$、$a_{63}a_{31}$ 和 $a_{62}a_{21}$；通过炼铁需要铁矿石，开采铁矿石也需要消耗电力，形成了炼钢对电力的二次间接消耗，其消耗系数为 $a_{65}a_{52}a_{21}$；如果继续下去的话,就可以进一步分析出炼钢的三次间接消耗、四次间接消耗……k 次间接消耗的情况。

如果不计算通过其他产品的间接消耗,则炼钢对电力的完全消耗系数为其直接消耗系数和全部间接消耗系数之和,即 $a_{61} + a_{64}a_{41} + a_{64}a_{41} + a_{63}a_{31} + a_{62}a_{21} + a_{65}a_{52}a_{21}$。

由此可以总结出有关间接消耗系数的规律:一次间接消耗系数是由有关的 2 个直接消耗系数乘积的连加;二次间接消耗系数是由有关的 3 个直接消耗系数乘积的连加;三次间接消耗系数是由有关的 4 个直接消耗系数乘积的连加;依此类推,k 次间接消耗系数是由有关的 $(k+1)$ 个直接消耗系数乘积的连加。

如果用 b_{ij} 表示 j 部门在单位产品的生产过程中对 i 部门产品的全部消耗量,即完全消耗系数,则其计算公式为:

$$b_{ij} = a_{ij} + \sum_{k=1}^{n} a_{ik}a_{kj} + \sum_{k=1}^{n}\sum_{s=1}^{n} a_{ik}a_{ks}a_{sj} + \sum_{k=1}^{n}\sum_{s=1}^{n}\sum_{r=1}^{n} a_{ik}a_{ks}a_{sr}a_{rj} + \cdots \quad (4\text{-}33)$$

根据乘法原理,两个矩阵的乘积是其行与列有关元素乘积之连加,上式符合矩阵乘法的原理,故可用矩阵形式来表示,即:

$$B = A + A^2 + A^3 + A^4 + \cdots + A^k + \cdots \quad (4\text{-}34)$$

式中:B——完全消耗系数矩阵;

A——直接消耗系数矩阵;

A^2——一次间接消耗系数矩阵;

A^3——二次间接消耗系数矩阵;

A^k——$(k-1)$ 次间接消耗系数矩阵。

当 $k\to\infty$ 时,式(4-34)就包含了全部的间接消耗。

将式(4-34)两端都加上一个单位矩阵 I,并设 $k\to\infty$,则得

$$B + I = I + A + A^2 + A^3 + A^4 + \cdots + A^k + \cdots \quad (4\text{-}35)$$

由于在价值型的投入产出表中,直接消耗系数 a_{ij} 都小于 I(因为当 a_{ij} 大于 I 时,生产活动是没有经济意义的),根据矩阵乘法原理,经矩阵变换可得

$$B + I = (I - A)^{-1} \quad (4\text{-}36)$$

$$B = (I - A)^{-1} - I \quad (4\text{-}37)$$

完全消耗系数矩阵 B 与 $(I-A)$ 的逆矩阵之间存在着密切的关系,两者之间仅相差一个单位矩阵。$(I-A)$ 的逆矩阵称之为列昂节夫逆阵,或者称为最终需要系数矩阵 $\bar{B}$。

$$\bar{B} = (I - A)^{-1} \quad (4\text{-}38)$$

五、投入产出法的应用

从 20 世纪 30 年代以来,投入产出分析方法已有了很大的发展。目前已广泛应用于经济领域的宏观经济预测、经济分析、政策模拟、计划制订、经济控制研究和社会领域的人口、就业及环境污染等问题的研究。此外,还出现了引入时变因素的多种动态模型,与计量经济学的方法和技术相结合的投入产出计量经济模型,与线性规划等优化技术相结合的投入产出优化模型等。

【例 4-3】 已知某地区三个部门投入产出表见表 4-7。

某地区投入产出表(单位:亿元)　　　　　　　　　　　　　　　　　　　　表 4-7

投入 \ 产出		中间产品				最终产品			总产出 X
		消耗部门				消费	积累	合计 Y	
		工业	农业	其他	合计				
生产部门	工业	30	20	10	60	25	15	40	100
	农业	20	5	6	31	21	8	29	60
	其他	15	10	4	29	4	2	6	35
	合计	65	35	20	120	50	25	75	195
新创造价值	劳动报酬 V	25	19	10	54	—	—	—	—
	社会纯收入 M	10	6	5	21	—	—	—	—
	合计	35	25	15	76	—	—	—	—
总投入 X		100	60	35	195	—	—	—	—

(1) 假设计划期工业、农业和其他部门的总产出指标分别为 110 亿元、80 亿元、50 亿元。试预测这三个部门的最终产品分别为多少?

(2) 若计划期工业、农业和其他部门的最终产品指标分别要达到 38 亿元、35 亿元、10 亿元。试预测这三个部门的生产规模(总产出指标)应达到多少?

(3) 假设经分析,目前该地区投入产出表所反映的经济结构不合理,需对各部门的比重进行调整,调整期限为 3 年。在调整期限内,工业、农业和其他部门的递增速度分别为 10%、6% 和 4%。试预测经过 3 年的调整,这三个部门的总产值各为多少?

解:

(1) 根据公式 $a_{ij}=\dfrac{X_{ij}}{X_j}$ 计算直接消耗系数:

$$a_{11}=\frac{30}{100}=0.3$$

$$a_{12}=\frac{20}{60}=0.333$$

$$a_{13}=\frac{10}{35}=0.286$$

同理,可计算出其余的直接消耗系数,并得到直接消耗系数矩阵。

$$A=\begin{pmatrix} 0.3 & 0.333 & 0.286 \\ 0.2 & 0.083 & 0.171 \\ 0.15 & 0.167 & 0.114 \end{pmatrix}$$

$$I-A=\begin{pmatrix} 0.7 & -0.333 & -0.286 \\ -0.2 & 0.917 & -0.171 \\ -0.15 & -0.167 & 0.886 \end{pmatrix}$$

$$Y=(I-A)X=\begin{pmatrix} 0.7 & -0.333 & -0.286 \\ -0.2 & 0.917 & -0.171 \\ -0.15 & -0.167 & 0.886 \end{pmatrix}\begin{pmatrix} 110 \\ 80 \\ 50 \end{pmatrix}=\begin{pmatrix} 36.048 \\ 42.762 \\ 14.452 \end{pmatrix}$$

由此可得,工业、农业和其他部门的最终产品预测值分别为 36.048 亿元、42.762 亿元和 14.452 元。

(2) $(I-A)^{-1} = \begin{pmatrix} 0.7 & -0.333 & -0.286 \\ -0.2 & 0.917 & -0.171 \\ -0.15 & -0.167 & 0.886 \end{pmatrix}^{-1} = \begin{pmatrix} 1.771 & -0.793 & 0.738 \\ 0.469 & 1.335 & 0.409 \\ 0.395 & 0.386 & 1.331 \end{pmatrix}$

$X = (I-A)^{-1}Y = \begin{pmatrix} 1.771 & -0.793 & 0.738 \\ 0.469 & 1.335 & 0.409 \\ 0.395 & 0.386 & 1.331 \end{pmatrix} \begin{pmatrix} 38 \\ 35 \\ 10 \end{pmatrix} = \begin{pmatrix} 104.090 \\ 68.719 \\ 41.850 \end{pmatrix}$

由此可得,工业、农业和其他部门的总产出指标预测值分别为 104.090 亿元、68.719 亿元和 41.850 亿元。

(3)设经过三年调整,工业、农业和其他部门的最终产品将分别达到 Y_1、Y_2 和 Y_3,则:

$$Y_1 = 40 \times (1+4\%)^3 = 44.995$$
$$Y_2 = 29 \times (1+10\%)^3 = 38.599$$
$$Y_3 = 6 \times (1+6\%)^3 = 7.146$$

$X = (I-A)^{-1}Y = \begin{pmatrix} 1.771 & -0.793 & 0.738 \\ 0.469 & 1.335 & 0.409 \\ 0.395 & 0.386 & 1.331 \end{pmatrix} \begin{pmatrix} 44.995 \\ 38.599 \\ 7.146 \end{pmatrix} = \begin{pmatrix} 115.568 \\ 77.555 \\ 42.184 \end{pmatrix}$

由此可得,经过三年调整,工业、农业和其他部门的总产值预测值分别为 115.568 亿元、77.555 亿元和 42.184 亿元。

思考与练习题

1. 什么是预测?举例说明预测的作用。
2. 简述预测的基本原理和程序。
3. 什么是预测误差?如何衡量?
4. 如何正确选择预测方法?
5. 简述德尔菲法的特点、工作程序和工作关键。
6. 简述回归分析法的基本原理和预测程序。
7. 什么是投入?什么是产出?
8. 如何理解直接消耗系数、完全消耗系数、最终需要系数?
9. 某企业对其产品销售量和盈利额统计数据见表 4-8,试用回归分析法预测销售量为 150 件时的盈利额。

某企业产品销售量和盈利额统计表   表 4-8

销售量(千件)	6	10	20	30	40	50	60	65	90	120
盈利额(万元)	6	8	13	16	17	19	25	25	29	46

10. 已知某地区工业和农业部门投入产出表见表 4-9。

某地区投入产出表(单位:亿元)　　　　　　　　　表 4-9

投入＼产出		中间产品			最终产品			总产出 X
		消耗部门			消费	积累	合计 Y	
		工业	农业	合计				
生产部门	工业		400	700	200	300	500	
	农业	420			250		600	1450
	合计	720	830	1550	450	650	1100	
新创造价值	劳动报酬 V		250	450	—	—	—	—
	社会纯收入 M	280	370		—	—	—	—
	合计	480		1100	—	—	—	—
总投入 X			1450	2650	—	—	—	—

试求：

(1) 填满表中数字。

(2) 计算直接消耗系数。

(3) 假设计划期工业和农业部门的总产出指标分别为 1600 亿元和 800 亿元，试预测这两个部门的最终产品分别为多少？

第五章　物流系统对策

第一节　概　述

前面介绍的决策问题都是讨论一个决策主体在进行决策时,只要考虑可能出现的不同状态的决策行为,属于非对抗型的决策问题。在实际中,经常会遇到由多个不同的决策主体在相互竞争和对抗中进行的决策,这属于对抗型的决策问题。我国历史上著名的"田忌赛马"就是一个典型的对抗型决策的例子。对于这类问题,就需要用博弈论进行分析。博弈论又称对策论,是指使用严谨的数学模型研究冲突对抗条件下最优决策问题的理论。

一、对策现象

系统对策是研究竞争型决策问题的,即此时决策者所面临的自然状态是有理智的,善于采取合理行动的竞争对手。系统对策思想是"以己之长,攻彼之短",以夺取竞争的胜利。例如,我国战国时期著名的"田忌赛马"的故事:

齐国的国王与齐国的一位大将田忌赛马,双方约定,各自出三匹马,分别为好的、中的、差的各一匹。比赛时,每次双方各从自己的三匹马中任选一匹参加比赛,输者付给赢者千两黄金。共比赛三次,每匹马都必须参加比赛。当时的情况是,三种不同等级的马,齐王的马都比田忌的马强,看起来田忌似乎要输掉三千两黄金了。但是,田忌手下有一个谋士给田忌出了一个主意,让田忌用最差的马对齐王的好马,结果田忌输掉了第一局;接着,用田忌的中马对齐王的差马,用田忌的好马对齐王的中马,连赢了两局。比赛结果是,田忌两胜一负,反而赢了一千两黄金。

由此可见,竞赛双方如何决策是至关重要的,决策正确,就可以化不利因素为有利条件。

对策理论的形成大约在20世纪30年代前后。1928年,诺依曼教授从数学上奠定了对策理论的基础,但是,这种理论的实用价值还没有被人们所认识。1944年,诺依曼与摩尔根斯特恩共同出版了《对策论和经济行为》一书,在学术界引起了很大的震动。凡是带有竞争性质的问题,都可以用对策理论来解释。其应用领域涉及政治、经济、国防、经营管理等各个方面。

二、对策模型

对策模型是指一些个人、团队或其他组织,面对一定的环境条件,在一定的规则约束下,依靠所掌握的信息,同时或先后、一次或多次,从各自允许选择的行为或策略中进行选择并加以实施,并从中各自取得相应结果或收益的方法和工具。任何一个对策模型都有三个最基本要素:

(1)局中人。参加竞争的各方,博弈的参与者。局中人是指决策的主体,即能够独立决策、独立承担责任的个人或组织,通过选择策略来最大化自己的收益(效用)。

(2)策略。竞争各方所可能采取的行动策略,通常每方都至少有两个或两个以上的策略。各方的策略构成的集合称为策略集。若各个局中人都有有限个策略,就称为有限对策;若各个局中人都有无限个对策,就称为无限对策。

(3)对策的结局。对策双方各取一个策略进行竞赛的结果,往往是局中人的一方赢得另一方的损失,通常用数值形式表示得或失,胜方的赢得(或败方的支付)称为赢得(或支付)函数。

在任意一局对策中,如果一方的赢得正好等于另一方的损失,即全体局中人的得失相加总和等于零时,这样的对策就称作零和对策;否则,就称为非零和对策。

对策理论要求在各方所可能采取的策略集中,找出各自的最优策略。最优策略的衡量标准是,收益最大或损失最小。当各方都采取最优策略时的收益值,叫作对策的值。

第二节 二人零和对策的求解

一、特点

二人零和对策,又叫作矩阵对策,它具有以下的特点:

(1)必须有且仅有两个局中人,每个局中人可以从有限个策略中选择一个策略。

(2)每个局中人的赢得正好等于另一个局中人的损失。

(3)不允许双方相互达成协议,局中人要同时选择策略,使竞争者在不知道对方采取的策略之前选择自己的策略。

(4)每个局中人对双方可采取的策略都有充分地了解,双方都知道当采用各组策略时可能发生的支付函数。

(5)局中人双方的利益是冲突的,双方的唯一目的就是最大限度地扩大自己的赢得。

二、模型

(1)局中人:用 X 和 Y 表示。

(2)策略集:设局中人 X 的策略集中有 m 个策略:$x_1, x_2, x_3, \cdots, x_m$,记作:
$$S_x = \{x_1, x_2, x_3, \cdots, x_m\}$$

设局中人 Y 的策略集中有 n 个策略:$y_1, y_2, y_3, \cdots, y_n$,记作:
$$S_y = \{y_1, y_2, y_3, \cdots, y_n\}$$

(3)对策的结局:用局中人 X 的赢得矩阵表示:

$$A = \begin{bmatrix} a_{11} & a_{12} & \cdots & a_{1n} \\ a_{21} & a_{22} & \cdots & a_{2n} \\ \cdots & \cdots & \cdots & \cdots \\ a_{m1} & a_{m2} & \cdots & a_{mn} \end{bmatrix}$$

其中:a_{ij} 表示当局中人 X 采取策略 x_i,局中人 Y 采取策略 y_j 时,局中人 X 的赢得值。

(4)模型记为:
$$G = \{X, Y, S_x, S_y, A\}$$

三、最优纯策略

针对有鞍点的对策问题,我们可以求解最优纯策略。求解思想是希望从最不利的情形中找出最有利的方案,考虑输得最少而不是赢得最多。

【例 5-1】 有一对策 $G = \{X, Y, S_x, S_y, A\}$,其中,$S_x = \{x_1, x_2, x_3, x_4\}$,$S_y = \{y_1, y_2, y_3\}$,则赢得矩阵 A 为:

$$A = \begin{array}{c} \\ X_1 \\ X_2 \\ X_3 \\ X_4 \end{array} \begin{pmatrix} y_1 & y_2 & y_3 \\ -6 & 1 & -8 \\ 3 & 2 & 4 \\ 9 & -1 & -10 \\ -3 & 0 & 6 \end{pmatrix}$$

求:双方的最优策略和对策值。

解:
(1)首先考虑局中人 X:
①若局中人 X 选择策略 x_1,则可能发生的最小赢得为:$\min(-6, 1, -8) = -8$。
②若局中人 X 选择策略 x_2,则可能发生的最小赢得为:$\min(3, 2, 4) = 2$。
③若局中人 X 选择策略 x_3,则可能发生的最小赢得为:$\min(9, -1, -10) = -10$。
④若局中人 X 选择策略 x_4,则可能发生的最小赢得为:$\min(-3, 0, 6) = -3$。
⑤局中人 X 希望在这些最小赢得里面争取一个最好的结果,即局中人 X 选择:$\max(-8, 2, -10, -3) = 2$,选择策略 x_2。

(2)考虑局中人 Y:
①若局中人 Y 选择策略 y_1,则可能发生的最大损失为:$\max(-6, 3, 9, -3) = 9$。
②若局中人 Y 选择策略 y_2,则可能发生的最大损失为:$\max(1, 2, -1, 0) = 2$。
③若局中人 Y 选择策略 y_3,则可能发生的最大损失为:$\max(-8, 4, -10, 6) = 6$。
④局中人 Y 希望在这些最大损失里面争取一个最好的结果,即局中人 Y 选择:$\min(9, 2, 6) = 2$,选择策略 y_2。

故:该对策问题的对策为 (x_2, y_2),又称鞍点;该对策问题的对策值为:$a_{22} = 2$,又称"鞍点值"。

由此可知,如果有纯局势 (x_i^*, y_j^*) 使 $\max_i \{\min_j a_{ij}\} = \min_j \{\max_i a_{ij}\}$,则称对策 G 为有鞍点的对策,其鞍点为 (x_i^*, y_j^*),也称它是对策 G 在纯策略中的解,x_i^* 和 y_j^* 分别称为局中人 X 与局中人 Y 的最优纯策略。

四、混合策略

如果对策问题没有鞍点呢?那么,局中人应该如何选择策略参加对策呢?一个自然且合乎实际的想法是,是否可以给出一个选取不同策略的概率分布,然后根据概率选择出哪种策略,这就是混合策略的由来。

【例 5-2】 已知赢得矩阵

$$A = \begin{pmatrix} 1 & 0 \\ -4 & 3 \end{pmatrix}$$

问：该对策有没有纯策略，如果没有纯策略，求混合策略。

解：首先分析确定该对策没有鞍点，故建立混合策略模型如下。

设 p 代表局中人 X 使用策略 x_1 的概率，则 $1-P$ 代表局中人 X 使用策略 x_2 的概率；q 代表局中人 Y 使用策略 y_1 的概率，则 $1-q$ 代表局中人 Y 使用策略 y_2 的概率。

混合对策模型见表 5-1。

混合对策模型　　　　表 5-1

局中人 Y	局中人 X	q	$1-q$
		y_1	y_2
p	X_1	1	0
$1-p$	X_2	-4	3

按照二人零和的特点，局中人 X 总是希望求得的 p 和 $1-p$ 的值，能够使其处于最优的竞争地位。也就是说，当 X 用这种方法分配 x_1 和 x_2 的概率时，无论对方如何选择策略，局中人 X 总是能够得到相同的收益，其期望收益计算如下：

①当 Y 采取 y_1 时，X 的期望收益为

$$P - 4(1-p) = 5p - 4$$

②当 Y 采取 y_2 时，X 的期望收益为

$$Op + 3(1-p) = -3p + 3$$

由于 X 希望，无论 Y 选择 y_1 还是选择 y_2，都会得到相同的期望收益值，所以有

$$5p - 4 = -3p + 3$$
$$p = 7/8 = 0.875$$
$$1 - p = 0.125$$

这个概率值表明，局中人 X 应该在策略 x_1 和策略 x_2 之间分配其对策的概率：选择策略 x_1 的次数为策略总次数的 87.5%，选择策略 x_2 的次数为策略总次数的 12.5%。

同理，可以求出局中人 Y 的策略概率值：

当 X 采取 x_1 时，Y 的期望损失为

$$q + 0(1-q) = q$$

当 X 采取 x_2 时，Y 的期望损失为：

$$-4q + 3(1-q) = -7q + 3$$

由于 Y 希望，无论 X 选择 x_1 还是选择 x_2，都会得到相同的期望收益值，所以有

$$q = -7q + 3$$
$$q = 0.375$$
$$1 - q = 0.625$$

这个概率值表明，局中人 Y 应该在策略 y_1 和策略 y_2 之间分配其对策的概率：选择策略 y_1 的次数为策略总次数的 37.5%，选择策略 y_2 的次数为策略总次数的 62.5%。

上述与纯策略集合相对应的概率向量 $P=(0.875,0.125)$ 和 $Q=(0.375,0.625)$ 分别称为局中人 X 和 Y 的混合策略。

由于局中人 X 和 Y 按照上述混合策略进行对策时,都够达到最优期望收益值,所以,P 和 Q 分别是局中人 X 和 Y 的最优策略。两者的公共值就是该混合对策的期望收益值,则

当 X 选择 x_1 时,收益值为:

$$0.375 \times 1 + 0 \times 0.625 = 0.375$$

或当 X 选择 x_2 时,收益值为:

$$0.375 \times (-4) + 3 \times 0.625 = 0.375$$

当 Y 选择 y_1 时,收益值为:

$$0.875 \times 1 + 0.125(-4) = 0.375$$

或 Y 选择 y_2 时,收益值为:

$$0.875 \times 0 + 3 \times 0.125 = 0.375$$

从上述分析可以看出,对于没有鞍点的对策问题,每个局中人在做决策时,不是决要采用哪一个纯策略,而且要决定用多大的概率选择一个纯策略,以这样一种方式选择纯策略参加对策,是双方的最优策略。

当每个局中人都有三个或更多个策略可选择时,其赢得矩阵就是三阶或三阶以上的矩阵,如果没有鞍点,就需要借助线性规划的方法进行求解,有兴趣的读者可以参考其他文献,这里不再赘述。

思考与练习题

1. 什么是对策现象?

2. 二人零和对策模型是怎样的?

3. 已知矩阵对策 $G=\{S_x,S_y,A\}$,其中 $S_x=\{x_1,x_2\}$,$S_y=\{y_1,y_2\}$,$A=\begin{pmatrix}1 & -4\\-3 & 4\end{pmatrix}$,问该对策问题是否存在鞍点?如果存在鞍点,求其最优纯策略;如果不存在鞍点,则求其最优混合策略。

第六章 物流系统评价

第一节 系统评价概述

通常所说的评价,是指按照原有目的为标准测定已有对象的属性,并把它变成主观效用的行为,即明确价值的过程。而系统评价是指在特定条件下按照评价目标进行系统价值的认定和评估。简单来说,系统评价就是全面评定系统的价值。价值通常被理解为评价主体根据其效用观点对于评价对象满足某种需求的认识,它与评价主体、评价对象所处的环境状况密切相关。系统评价的前提条件是熟悉方案和确定评价指标。前者指确切掌握评价对象的特点,充分评估各项系统、各个目标的功能要求的实现程度,方案实现的条件和可能性;后者指确定系统的评价指标,并用指标反映项目和系统要求。常用的指标包括政策指标、技术指标、经济指标、社会指标、进度指标等。

一、系统评价的作用

系统评价是系统决策的基础和前提。没有正确的评价,就无法判断系统工程过程是否满足原定的目标,无法确定是否已经在既定的条件下尽可能做到了使用户满意。另外,通过系统评价,加强了高层负责人和具体任务执行者之间的沟通,有问题也能及早发现和采取措施。

从系统的角度来看,评价是一种反馈活动,通过评价发现工作是否达到原来要求,如果出现偏差就要及时纠正。在一项系统工程的全过程中,应不断地进行评价,以及时纠正对既定目标的偏离。

系统评价是决策的基础,是方案实施的前提。具体来说,其作用和重要性体现在以下几个方面:

(1)系统评价是决策人员进行理性决策的依据。以系统目标为依据,从多个角度对多个方案进行理性评估,可选择出最优方案实施。

(2)系统评价是决策者和方案执行者之间相互沟通的关键。决策者为了使执行人员信服并积极完成任务,可以通过评价活动促进执行人员对方案的理解。

(3)系统评价有利于事先发现问题,并对问题加以解决。在系统评价过程中,可进一步发现问题,有利于进一步改进系统。

二、系统评价的原则

为了使系统评价有效地进行,需要遵循以下原则:

(1)客观性原则。评价必须反映客观实际,因此所用的信息或资料必须全面、完整、可靠,评价人员的组成要有代表性和全面性,克服评价人员的倾向性。

(2)要保证方案的可比性。替代方案在保证实现系统的基本功能上,要有可比性和一致性。系统的主要属性之间要有相似的表达方式,要形成可比的条件,这里的可比性是针对某个标准而言的。不能比较的方案谈不上评价,实际上很多问题是不能做出比较或不容易做出比较的,对这点必须有所认识。

(3)评价必须有标准。评价的标准值是指要有成体系的指标。前面提到过指标体系,是在明确需求、确定目标时制定的,在进行评价时,用于评价的指标要和原来的指标相一致。

(4)整体性原则。必须从系统整体出发,不能顾此失彼,需要考虑评价的综合性。

三、系统评价的类型

系统评价按照不同的角度有不同的分类,主要有以下几种类型。

1. 按评价时间分类

系统评价按评价时间可分为期初评价、期中评价、期末评价和跟踪评价。

(1)期初评价。期初评价是指在制订新产品开发方案时所进行的评价。其目的是及早沟通设计、制造、供销等部门的意见,并从系统总体出发来研讨与方案有关的各种重要问题。例如,新产品的功能、结构是否符合用户的需求或本企业的发展方向,新产品开发方案在技术上是否先进、经济上是否合理,以及所需开发费用及时间,等等。通过期初评价,力求使开发方案优化并做到切实可行。可行性研究的核心内容实际上就是对系统问题(如产品开发、项目建设等)的期初评价。

(2)期中评价。期中评价是指新产品在开发过程中所进行的评价。当新产品开发过程需要较长时间时,期中评价一般要进行数次。期中评价验证新产品设计的正确性,并对评价中暴露出来的设计等问题采取必要的对策。

(3)期末评价。期末评价是指新产品开发试制成功,并经鉴定合格后进行的评价。其重点是全面审查新产品各项技术经济指标是否达到原定的各项要求。同时,通过评价为正式投产做好技术上和信息上的准备,并预防可能出现的其他问题;

(4)跟踪评价。为了考察新产品在社会上的实际效果,在其投产后的若干时期内,每隔一定时间对其进行一次评价,以提高该产品的质量,并为进一步开发同类新产品提供依据。

2. 按评价项目分类

系统评价按评价项目划分,可分为目标评价、方案评价、设计评价、计划评价和规划评价。

(1)目标评价。确定系统目标后,要进行目标评价,以确定目标是否合理。

(2)方案评价。确定决策方案之后,要进行方案评价,以便选择最优方案。

(3)设计评价。对某个设计的点评,择其优点而改正其缺点。

(4)计划评价。对某计划做出评价,以确定其是否可行或是否应该做。

(5)规划评价。如城市规划、绿地规划等,评价其是否达到预期目标。

3. 按内容分类

系统评价按内容划分,可分为技术评价、经济评价、社会评价和综合评价。

(1)技术评价。围绕系统功能,对项目的技术先进性、适用性、可靠性、安全性等的评价。
(2)经济评价。围绕经济效益,主要是以成本为代表的经济可行性分析。
(3)社会评价。项目完成后带给社会的利益、影响等的评价。
(4)综合评价。对被评价对象(系统)的一种客观、公正和合理的价值判断与比较选择活动。

四、系统评价的步骤

系统评价,即评定系统发展有关方案的目的达成度。评价主体按照一定的工作程序,通过应用各种系统评价方法,从经初步筛选的多个方案中找出所需的最优或令决策者最满意的方案。系统评价过程中主要回答两个问题:①系统存在什么属性?②系统的价值如何?因此,首先需要明确问题,即为什么要进行评价;然后熟悉评价对象和邀请专家,在此基础上,设计评价指标体系;最后,测定对象属性、建立评价模型,仿真计算各对象的综合效用(确定系统的价值),综合分析提交决策。系统评价的步骤如图6-1所示。

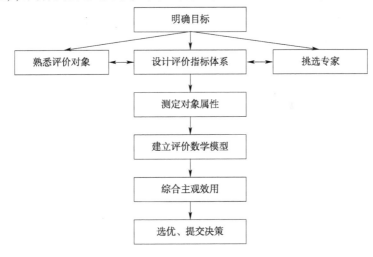

图6-1 系统评价的步骤

1. 明确目标

明确目标就是要明确评价的目的,是选优,即从众多的方案中选择一个好方案?还是为了更好地控制、管理选一个给定的系统?为此,评价人员要与决策者沟通,了解评价的意图和目的。

2. 熟悉评价对象

(1)深入了解被评价对象,搜集被评价对象的有关资料,了解系统构成要素及其相互关系,熟悉系统的行为、功能、特点以及有关属性,并分析这些属性的重要程度。
(2)要了解人们对系统的期望,了解人们的价值观念,即了解系统的环境。

3. 挑选专家

挑选专家时,在保证一定数量的基础上,既要注意专家的合理构成,又要注意专家的素质,挑选那些真正熟悉对象的内行专家,切忌只图专家的名望。通常做法是根据被评价对象所涉及领域的重要程度,先分配各领域专家的名额,后挑选该领域的专家。

4. 设计评价指标体系

在熟悉评价对象及评价目标的基础上,建立评价指标体系。这一过程是一个不断深入、螺旋式推进的过程,即随着目标明确程度和对象熟悉程度的深入,不断地扩展、提炼草拟的评价指标体系,并通过咨询最终确定指标体系。

5. 测定对象属性

评价对象存在不同属性,不同属性的测定方法不一样,但系统评价所涉及的每一属性都需测定。一般来讲有三种测定方法,即直接测定、间接测定和分级定量方法。

6. 建立评价数学模型

评价数学模型的功能是将系统各属性的功能综合成被评价系统的总的功能。建模者要根据专家对评价指标体系的意见,选择和创造合适的数学表示方法,要了解不同数学表示方法的物理含义,切勿随意选择和创造表示方法。

7. 综合主观效用

所有的评价都是多方案、多过程地比较,需要对不同的方案、过程等进行计算机仿真计算,以计算出方案、过程的总的效用。任何方案、过程都存在不确定因素,以及专家对不同属性重要程度认识的差异,所以要进行方案、过程的灵敏度分析,以反映不同方案、过程在不同情形下的主观效用值。

8. 选优、提交决策

由于评价指标体系和评价模型不可能包含系统所有东西,其次系统环境变化、决策者的生存环境和心态的变化,导致最优方案在实施过程中会遇到困难,所以应对评价对象的结果进行综合考虑,以便提供正确的决策依据。提交的决策报告除提供最优方案外,还应提出相应的实施条件。

五、系统综合评价

1. 综合评价定义及其特性

所谓综合评价,是指对被评价对象(系统)的一种客观、公正和合理的价值判断与比较的选择活动。系统综合评价实质就是将评价对象在各单项指标上的价值评定值进行综合处理的方法。综合评价必须从系统整体出发,全面地对评价对象的优缺点加以权衡,它有四个要素:评价主体、评价目标、评价指标体系、评价对象。例如,表6-1 和 6-2 中的综合评价。

综合评价具有如下特性:①普遍性;②重要性;③客观公正性;④被评价对象的可比性和一致性;⑤评价的系统性和全面性;⑥政策法规性;⑦复杂性。

人生几大选择涉及的综合评价　　　　表6-1

评价主体	评价目标	评价指标体系	被评对象
张三	工作岗位选择	实现自身价值、发挥个人专长、提高生活水平——岗位、地点、待遇	A 企业;B 学校;C 研究所;D 政府

续上表

评价主体	评价目标	评价指标体系	被评对象
李四	对象选择	性格、职业、身高、长相、出生地、家庭	A、B、C、D、E
王五	住房选择	地点与交通、居住环境、房屋结构、单位费用	A、B、C、D、E

企业管理中的各种选择涉及的综合评价 表6-2

评价主体	评价目标	评价指标体系	被评对象
上级机关	厂长选择	工作能力、政治思想、知识化、专业化、年轻化	候选人A、B、C、D、E
计划主管	生产计划方案选择	技术可行性、工艺可行性、工期要求、成本要求、人力要求	方案A、B、C、D、E
资本运营策划	投资项目选择	投资回收期、投资净收益、投资效果系数	证券A、B、期货、房地产
战略规划主管	联盟伙伴选择	伙伴单位互补性、资金技术实力、合作信誉	待选单位A、B、C、D

2. 综合评价指标体系

指标体系是由若干个单项指标组成的有机整体；它反映出对所要评价系统的全部目标要求。指标体系本身应科学、合理并为有关部门或人员所接受。指标体系分类如下：

(1) 经济性指标：成本、利润、税金、投资额、流动资金占用量、发展规模、发展速度、经济结构、投入/产出比、费用/效益比。

(2) 技术性指标：产品技术性能(如体积、重量、计算速度、容量、寿命、可靠性、安全性、连通性、阻塞概率、信道数等)。

(3) 政策性指标：国家的方针、政策、法规。

(4) 社会性指标：就业与失业、社会福利、医疗保险、生态环境、污染。

(5) 资源性指标：能源(如水、电、煤、气、石油等)、土地、设备、人力、原材料。

(6) 时间性指标：工程进度、生产周期、工期要求、试制周期。

3. 综合评价的方法与步骤

综合评价的方法有关联矩阵法、层次分析法、模糊综合评判法、成分分析法、灰色评价法、协商综合评价法、动态综合评价法、群体综合评价法、立体综合评价法、基于模式识别的评价法等。

综合评价的步骤如图6-2所示。

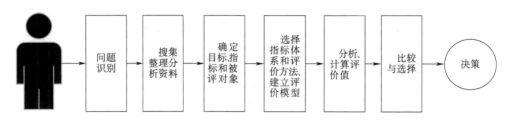

图 6-2　综合评价的步骤

第二节　层次分析法

一、基本原理

1. 产生与发展

许多评价问题的评价对象属性多样、结构复杂,难以完全采用定量方法或简单归结为费用、效益或有效度进行优化分析与评价,也难以在任何情况下做到使评价项目具有单一层次结构。这时首先需要建立多要素、多层次的评价系统,并采用定性与定量相结合的方法或通过定性信息定量化的途径,使复杂的评价问题明朗化。

在这样的背景下,美国运筹学家、匹兹堡大学教授 T. L. 萨迪(T. L. Saaty)于 20 世纪 70 年代初提出了著名的解析递阶过程(Analytic Hierarchy Process,AHP),通常意译为"层次分析法"。1971 年 T. L. 萨迪曾用 AHP 为美国国防部研究所谓的"应急计划",1972 年又为美国国家科学基金会研究电力在工业部门的分配问题,1973 年为苏丹政府研究了苏丹运输问题,1977 年在第一届国际数学建模会议上发表了"无结构决策问题的建模——层次分析法",从此 AHP 开始引起人们的注意,并在除方案排序之外的计划制订、资源分配、政策分析、冲突求解及决策预报等领域里得到了广泛的应用。AHP 具有系统、灵活、简洁等优点。

1982 年 11 月,在中美能源、资源、环境学术会议上,由 T. L. 萨迪的学生 H. 高兰民柴(H. Gholamnezhad)首先向中国学者介绍了 AHP。近年来,AHP 在我国能源系统分析、城市规划、经济管理、科研成果评价等许多领域中得到了广泛的应用。1988 年在我国召开了第一届国际 AHP 学术会议。近年来 AHP 仍在管理系统工程中被广泛运用。

2. 基本思想和实施步骤

AHP 把复杂的问题分解成各个组成因素,又将这些因素按支配关系分组形成递阶层次结构。通过两两比较的方式确定层次中诸因素的相对重要性。然后综合有关人员的判断,确定备选方案相对重要性的总排序。整个过程体现了人们"分解—判断—综合"的思维特征。

在运用 AHP 进行评价或决策时,大体可分为以下四个步骤:

(1)分析评价系统中各基本要素之间的关系,建立系统的递阶层次结构。

(2)对同一层次的各元素关于上一层次中某一准则的重要性进行两两比较,构造两两比较判断矩阵,并进行一致性检验。

(3)由判断矩阵计算被比较要素对于该准则的相对权重。

(4)计算各层要素对系统目的(总目标)的合成(总)权重,并对各备选方案排序。

3. 基本方法举例:投资效果评价系统

(1)建立该投资评价问题的递阶结构,投资效果评价结构模型如图6-3所示。

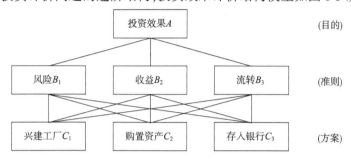

图6-3 投资效果评价结构模型

(2)建立各阶层的判断矩阵 A,进行一致性检验。

$$A \stackrel{\text{def}}{=} (a_{ij})$$

式中:a_{ij}——要素 i 与要素 j 相比的重要性标度。

判断矩阵标度定义见表6-3。

判断矩阵标度定义 表6-3

标 度	含 义
1	两个要素相比,具有同样的重要性
3	两个要素相比,前者比后者稍重要
5	两个要素相比,前者比后者明显重要
7	两个要素相比,前者比后者强烈重要
9	两个要素相比,前者比后者极端重要
2,4,6,8	上述相邻判断的中间值
倒数	两个要素相比,后者比前者的重要性标度

判断矩阵及重要度计算和一致性检验的过程与结果见表6-4。

判断矩阵及重要度计算和一致性检验的过程与结果 表6-4

1							
A	B_1	B_2	B_3	W_i	W_i^0	λ_{mi}	
B_1	1	$\frac{1}{3}$	2	0.874	0.230	3.002	$\lambda_{max} \approx \frac{1}{3}(3.002+3.004+3.005)=3.004$
B_2	3	1	5	2.466	0.648	3.004	C.I $=0.002<0.1$
B_3	$\frac{1}{2}$	$\frac{1}{5}$	1	0.464	0.122	30.5	
				3.804			
2							
B_1	C_1	C_2	C_3	W_i	W_i^0	λ_{mi}	
C_1	1	$\frac{1}{3}$	$\frac{1}{5}$	0.406	0.105	3.036	$\lambda_{max} \approx 3.039$
C_2	3	1	$\frac{1}{3}$	1.000	0.258	3.040	C.I $=0.02<0.1$
C_3	5	3	1	2.466	0.637	3.040	

续上表

				3.872			
			3				
B_2	C_1	C_2	C_3	W_i	W_i^0	λ_{mi}	
C_1	1	2	7	2.410	0.592	3.015	
C_2	$\frac{1}{2}$	1	5	1.357	0.333	3.016	$\lambda_{max} \approx 3.014$ C.I = 0.007 < 0.1
C_3	$\frac{1}{7}$	$\frac{1}{5}$	1	0.306	0.075	3.012	
				4.073			
			4				
B_3	C_1	C_2	C_3	W_i	W_i^0	λ_{mi}	
C_1	1	3	7	0.754	0.149	3.079	
C_2	$\frac{1}{3}$	1	$\frac{1}{9}$	0.333	0.066	3.082	$\lambda_{max} \approx 3.08$ C.I = 0.04 < 0.1
C_3	7	9	1	3.979	0.785	3.080	
				5.066			

(3) 求各要素相对于上层某要素(准则等)的归一化相对重要度向量 $W^0 = (W_i^0)$。常用方根法,即

$$W_i = \left(\prod_{j=1}^{n} a_{ij}\right)^{\frac{1}{n}}$$

$$W_i^0 = \frac{W_i}{\sum_i W_i}$$

计算该例 W^0 的过程及结果见表6-4。

λ_{max} 及一致性指标(Consistency Index, C.I.)的计算一般需在求得重要度向量 W^0 后进行,可归结在同一计算表(见表6-4)中。

(4) 求各方案的总重要度计算过程和结果见表6-5。

各方案的重要度计算例表 表6-5

$B_i(b_i)$ $(C_j^i)C_j$	B_1	B_2	B_3	$C_j = \sum_{i=1}^{3} b_i C_j^i$
	0.230	0.648	0.122	
C_1	0.105	0.592	0.149	0.426
C_2	0.258	0.333	0.066	0.283
C_3	0.637	0.075	0.785	0.291

结果表明,优劣顺序为 C_1、C_3、C_2,且 C_1 明显优于 C_2 和 C_3。

二、AHP 相关问题探讨

1. 建立评价系统的递阶层次结构

1) 三个层次

(1) 最高层。这一层次中只有一个要素,一般它是分析问题的预定目标或期望实现的理

想结果,是系统评价的最高准则,因此也称目的或总目标层。

(2)中间层。这一层次包括了为实现目标所涉及的中间环节,它可以由若干个层次组成,包括所需考虑的准则、子准则等,因此也称为准则层。

(3)最低层。这一层次表示为实现目标可供选择的各种方案措施等,是评价对象的具体化,因此也称为方案层。

2)三种结构形式

(1)完全相关结构,如图 6-3 所示。

(2)完全独立结构树形结构,如图 6-4 所示。

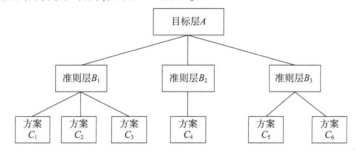

图 6-4 完全独立结构树形结构

(3)混合结构(包括带有子层次的混合结构),如图 6-5 所示。

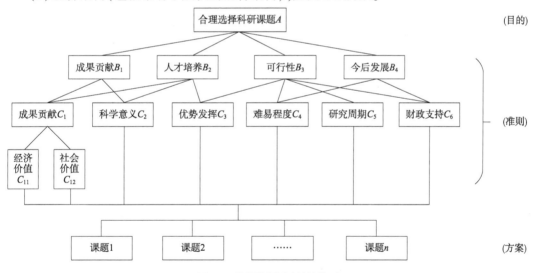

图 6-5 科研课题评选结构模型

3)两种建立递阶层次结构的方法

(1)分解法。目的—分目标(准则)—指标(子准则)—…—方案。

(2)解释结构模型化方法(ISM 方法):评价系统要素的层次化。

4)需要注意的问题

(1)递阶层次结构中的各层次要素间须有可传递性、属性一致性和功能依存性,防止在 AHP 的实际应用中"人为"地加进某些层次(要素)。

(2)每一层次中各要素所支配的要素一般不超过 9 个,否则会给两两比较带来困难。

(3)有时一个复杂问题的分析仅仅用递阶层次结构难以表达,需引进循环或反馈等更复杂的形式,这在 AHP 中有专门研究。

2. 构造两两比较判断矩阵

(1)判断矩阵的性质。

① $0 < a_{ij} \leqslant 9, a_{ii} = 1, a_{ji} = \dfrac{1}{a_{ij}}$——A 为正互反矩阵;

② $a_{ik} \cdot a_{kj} = a_{ij}$——A 为一致性矩阵(对此一般并不要求)。

选择 1~9 之间的整数及其倒数作为 a_{ij} 取值的主要原因是,它符合人们进行比较判断时的心理习惯。实验心理学表明,普通人在对一组事物的某种属性同时做比较,并使判断基本保持一致时,所能够正确辨别的事物最大个数在 5~9 个。

(2)两两比较判断的次数。两两比较判断的次数应为:$n(n-1)/2$,这样可避免判断误差的传递和扩散。

(3)定量指标的处理。遇有定量指标(如物理量、经济量等)时,除按原方法构造判断矩阵外,还可用具体评价数值直接相比,这时得到的矩阵为定义在正实数集合上的互反矩阵。

(4)一致性检验方法。

①计算一致性指标 C.I.。

$$\text{C.I.} = \dfrac{\lambda_{\max} - n}{n-1} \quad (\text{严格证明见有关参考书})$$

$$\lambda_{\max} \approx \dfrac{1}{n} \sum_{i=1}^{n} \dfrac{(AW)_i}{W_i} = \dfrac{1}{n} \sum_{i=1}^{n} \dfrac{\sum_{j=1}^{n} a_{ij} W_j}{W_i}$$

式中:$(AW)_i$——向量 AW 的第 i 个分量。

②查找相应的平均随机一致性指标(Random Index, R.I.)。表 6-6 给出了 1~14 阶正互反矩阵计算 1000 次得到的平均随机一致性指标。

平均随机一致性指标 表 6-6

n	1	2	3	4	5	6	7	8	9	10	11	12	13	14
R.I.	0	0	0.52	0.89	1.12	1.26	1.36	1.41	1.46	1.49	1.52	1.54	1.56	1.58

R.I. 是同阶随机判断矩阵的一致性指标的平均值,其引入可在一定程度上克服一致性判断指标随 n 增大而明显增大的弊端。

③计算一致性比例(Consistency Ratio, C.R.)。

$$\text{C.R.} = \dfrac{\text{C.I.}}{\text{R.I.}} < 0.1$$

3. 要素相对权重或重要度向量 W 的计算方法

$$W = (W_1, W_2, \cdots, W_n)^{\text{T}}$$

(1)求和法(算术平均法)。

$$W_i = \dfrac{1}{n} \sum_{j=1}^{n} \dfrac{a_{ij}}{\sum_{k=1}^{n} a_{kj}} \quad (i = 1, 2, \cdots, n)$$

计算步骤:①A 的元素按列归一化,即求;②将归一化后的各列相加;③将相加后的向量

除以 n 既得权重向量。

（2）方根法（几何平均法）。

$$W_i = \frac{(\prod_{j=1}^{n} a_{ij})^{\frac{1}{n}}}{\sum_{i=1}^{n}(\prod_{j=1}^{n} a_{ij})^{\frac{1}{n}}} \quad (i=1,2,\cdots,n)$$

计算步骤：①A 的元素按行相乘得一新向量；②将新向量的每个分量开 n 次方；③将所得向量归一化即为权重向量。

方根法是通过判断矩阵计算要素相对重要度的常用方法。

（3）特征根方法。

$$AW = \lambda_{max} W$$

由正矩阵的 Perron 定理可知，λ_{max} 存在且唯一，W 的分量均为正分量，可以用幂法求出 λ_{max} 及相应的特征向量 W。该方法对 AHP 的发展在理论上有重要作用。

（4）最小二乘法。用拟合方法确定权重向量 $W=(W_1,W_2,\cdots,W_n)^T$，使残差平方和为最小，这实际是一类非线性优化问题。

①普通最小二乘法：

$$\sum_{1 \leq i < j \leq n} \left(a_{ij} - \frac{W_i}{W_j} \right)^2 \rightarrow \min$$

②对数最小二乘法：

$$\sum_{1 \leq i < j \leq n} \left[\lg a_{ij} - \lg \left(\frac{W_i}{W_j} \right) \right]^2 \rightarrow \min$$

三、AHP 在系统评价中的应用举例

1. 科研课题的评价与选择

科研课题的评选结构模型如图 6-5 所示。A-B 判断矩阵、B-C 判断矩阵及其处理见表 6-7。

表 6-7　A-B 判断矩阵、B-C 判断矩阵及其处理

\multicolumn{9}{c}{1}
A	B_1	B_2	B_3	B_4	W_i	W_i^0	λ_{max}	
B_1	1	3	1	1	1.316	0.291	4.309	$\lambda_{max}=4.055$
B_2	$\frac{1}{3}$	1	$\frac{1}{3}$	$\frac{1}{3}$	0.577	0.127	3.291	C.I.$=0.018$
B_3	1	3	1	1	1.316	0.291	4.309	R.I.$=0.89$
B_4	1	3	1	1	1.316	0.291	4.309	C.R.$=0.02<0.1$
					4.525			
\multicolumn{9}{c}{2}
B_1	C_1	C_2		W_i	W_i^0	λ_{max}		
C_1	1	3		1.732	0.750	2		$\lambda_{max}=2$
C_2	$\frac{1}{3}$	1		0.577	0.250	2		C.I.$=0$
				2.309				C.R.$=0<0.1$

续上表

3							
B_2	C_1	C_2	C_3	W_i	W_i^0	λ_{max}	
C_1	1	$\frac{1}{5}$	$\frac{1}{3}$	0.406	0.105	3.036	$\lambda_{max}=3.309$
C_2	5	1	3	2.466	0.637	3.040	C.I. = 0.02 R.I. = 0.52
C_3	3	$\frac{1}{3}$	1	1.000	0.258	3.040	C.R. = 0.039 < 0.1
			3.872				

4							
B_3	C_3	C_4	C_5	C_6	W_i	W_i^0	λ_{max}
C_3	1	1	3	2	1.565	0.351	4.009
C_4	1	1	3	2	1.565	0.351	4.009
C_5	$\frac{1}{3}$	$\frac{1}{3}$	1	$\frac{1}{2}$	0.486	0.109	4.014
C_6	$\frac{1}{2}$	$\frac{1}{2}$	2	1	0.841	0.189	4.011
				4.457			

$\lambda_{max}=4.011$
C.I. = 0.0036
R.I. = 0.89
C.R. = 0.0041 < 0.1

5							
B_4	C_1	C_2	C_3	C_6	W_i	W_i^0	λ_{max}
C_1	1	$\frac{1}{5}$	$\frac{1}{3}$	1	0.508	0.096	4.031
C_2	5	1	$\frac{1}{3}$	5	2.943	0.558	4.065
C_3	3	$\frac{1}{3}$	1	3	1.316	0.250	4.048
C_6	1	$\frac{1}{5}$	$\frac{1}{3}$	1	0.508	0.096	4.031
				5.275			

$\lambda_{max}=4.044$
C.I. = 0.015
R.I. = 0.89
C.R. = 0.017 < 0.1

C 层总排序的结果见表6-8。

C 层总排序　　　　表6-8

C 层	$B_1(0.291)$	$B_2(0.127)$	$B_3(0.291)$	$B_4(0.291)$	$\overline{W_i}$
C_1	0.750	0.105	0	0.096	0.260
C_2	0.250	0.637	0	0.558	0.316
C_3	0	0.258	0.351	0.250	0.208
C_4	0	0	0.351	0	0.102
C_5	0	0	0.109	0	0.032
C_6	0	0	0.189	0.096	0.083

2. 过河方案的代价与收益分析

设某港务局要改善一条河道的过河运输条件。因此，要确定是否要建立桥梁或隧道，以代替现存的渡船，评价指标体系如图6-6所示。收益评价体系中各要素的判断矩阵及有关分析计算见表6-9。

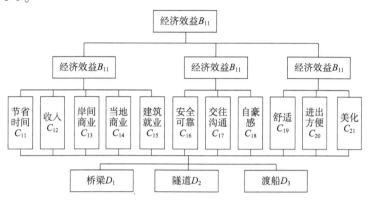

a) 过河收益综合评价指标体系

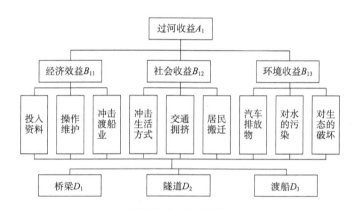

b) 过河代价综合评价指标体系

图6-6 过河评价指标体系

收益评价体系中各要素的判断矩阵及有关分析计算　　　　表6-9

A_1	B_{11}	B_{12}	B_{13}	W_i^0	B_{12}	C_{16}	C_{17}	C_{18}	W_i^0
B_{11}	1	3	6	0.67	C_{16}	1	6	9	0.76
B_{12}	$\frac{1}{3}$	1	2	0.22	C_{17}	$\frac{1}{6}$	1	4	0.18
B_{13}	$\frac{1}{6}$	$\frac{1}{2}$	1	0.11	C_{18}	$\frac{1}{9}$	$\frac{1}{4}$	1	0.06
B_{11}	C_{11}	C_{12}	C_{13}	C_{14}	C_{15}	—	—	—	W_i^0
C_{11}	1	$\frac{1}{3}$	$\frac{1}{7}$	$\frac{1}{5}$	$\frac{1}{6}$	—	—	—	0.04
C_{12}	3	1	$\frac{1}{4}$	$\frac{1}{2}$	$\frac{1}{2}$	—	—	—	0.09
C_{13}	7	4	1	7	5	—	—	—	0.53
C_{14}	5	2	$\frac{1}{7}$	1	$\frac{1}{5}$	—	—	—	0.11
C_{15}	6	2	$\frac{1}{5}$	5	1	—	—	—	0.23
B_{13}	C_{19}	C_{20}	C_{21}	W_i^0	C_{11}	D_1	D_2	D_3	W_i^0
C_{19}	1	$\frac{1}{4}$	6	0.25	D_1	1	2	7	0.58

续上表

A_1	B_{11}	B_{12}	B_{13}	W_i^0	B_{12}	C_{16}	C_{17}	C_{18}	W_i^0
C_{20}	4	1	8	0.69	D_2	$\frac{1}{2}$	1	6	0.35
C_{21}	$\frac{1}{6}$	$\frac{1}{8}$	1	0.06	D_3	$\frac{1}{7}$	$\frac{1}{6}$	1	0.07
C_{12}	D_1	D_2	D_3	W_i^0	C_{13}	D_1	D_2	D_3	W_i^0
D_1	1	$\frac{1}{2}$	8	0.36	D_1	1	4	8	0.69
D_2	2	1	9	0.59	D_2	$\frac{1}{4}$	1	6	0.25
D_3	$\frac{1}{8}$	$\frac{1}{9}$	1	0.05	D_3	$\frac{1}{8}$	$\frac{1}{6}$	1	0.06
C_{14}	D_1	D_2	D_3	W_i^0	C_{15}	D_1	D_2	D_3	W_i^0
D_1	1	1	6	0.46	D_1	1	$\frac{1}{4}$	9	0.41
D_2	1	1	6	0.46	D_2	4	1	9	0.54
D_3	$\frac{1}{6}$	$\frac{1}{6}$	1	0.08	D_3	$\frac{1}{9}$	$\frac{1}{9}$	1	0.05
C_{16}	D_1	D_2	D_3	W_i^0	C_{17}	D_1	D_2	D_3	W_i^0
D_1	1	4	7	0.59	D_1	1	1	5	0.455
D_2	$\frac{1}{4}$	1	6	0.35	D_2	1	1	5	0.455
D_3	$\frac{1}{7}$	$\frac{1}{6}$	1	0.06	D_3	$\frac{1}{5}$	$\frac{1}{5}$	1	0.090
C_{18}	D_1	D_2	D_3	W_i^0	C_{19}	D_1	D_2	D_3	W_i^0
D_1	1	5	3	0.64	D_1	1	5	8	0.73
D_2	$\frac{1}{5}$	1	$\frac{1}{3}$	0.10	D_2	$\frac{1}{5}$	1	5	0.21
D_3	$\frac{1}{3}$	3	1	0.26	D_3	$\frac{1}{8}$	$\frac{1}{5}$	1	0.06
C_{20}	D_1	D_2	D_3	W_i^0	C_{21}	D_1	D_2	D_3	W_i^0
D_1	1	3	7	0.64	D_1	1	6	$\frac{1}{5}$	0.27
D_2	$\frac{1}{3}$	1	6	0.29	D_2	$\frac{1}{6}$	1	$\frac{1}{3}$	0.10
D_3	$\frac{1}{7}$	$\frac{1}{6}$	1	0.07	D_3	5	3	1	0.63

若各判断矩阵均符合一致性要求,则各方案关于收益的总权重为

$$W^{(1)} = (0.57, 0.36, 0.07)^T$$

同理,得到各方案关于代价的总权重为

$$W^{(2)} = (0.36, 0.58, 0.06)^T$$

综合评价结果(各方案的收益/代价)如下:

桥梁(D_1):收益/代价 = 1.58;

隧道(D_2):收益/代价 = 0.62;

渡船(D_3):收益/代价 = 1.17。

结果表明,D_1优于D_3,两者又远优于D_2。

思考与练习题

1. 请简要说明系统评价在系统分析或系统工程中的作用。
2. 请结合实例具体说明系统评价问题六个要素的意义。
3. 请比较说明系统评价程序与系统分析一般过程在逻辑上的一致性。
4. 请说明系统评价原理及在本专业领域中的作用。
5. 请具体比较 AHP 与 ANP 的异同。
6. 系统评价是客观的还是主观的?如何理解系统评价的复杂性?

第七章 物流系统优化

第一节 概 述

物流系统是以物质流、能量流、信息流为系统要素构成的网络系统,系统内部各要素之间以及要素与整体之间相互关联、相互作用,使得系统作为一个整体发挥其应有功能。运输是物流系统计划工作中的重要组成部分。运输系统往往是要素数量多、结构复杂的大系统,为编制交通运输系统计划,并在此基础上进一步进行优化和控制,传统的经验方法往往不能胜任,而网络计划技术是完成这一任务的有效方法之一。

在计划编制工作中,过去广泛采用的工具为横道图,即将需要完成的各项工作按照规定的顺序和时间,画在一张具有时间坐标的表格上,并用粗线表示各项工作的起始时间、结束时间和持续时间。横道图对提高管理水平曾经起着非常重要的作用,即使是现在,某些企业和部厂仍在沿用这种方法编制计划。但是,对于大规模的工程计划,其各项工作之间的关系错综复杂,而横道图却难以反映这些复杂关系,更难以作为计划优化和控制的工具,因此需要更好的计划编制方法和计划表达方式。

1956 年,美国杜邦公司在制订、协调企业不同业务部门的系统规划时,运用网络方法制订了第一套网络计划。这套计划用网络图表示各项工作内容、工作持续时间及各项工作之间的相互关系,形成网络计划模型。借助网络计划模型,易于找出对计划具有重要影响的工作项目,由这些工作组成的序列称为关键线路;利用关键线路对计划进行优化和控制的方法称为关键线路法(Critical Path Method, CPM)。使用关键线路法,既可缩短工期又可降低成本费用。杜邦公司运用关键线路法,使路易维尔工厂维修工程所需时间从 125h 降为 78h,采用关键线路法技术后的一年中,节约费用达 100 万美元,是该公司关键线路法研发费用的 5 倍。

1958 年,美国海军特种计划局开始编制北极星导弹计划,承担这项任务的公司、企业学校和科研单位超过 11000 家。如此众多的单位怎样组织与管理,做到密切协同、高质量地按期完成任务,这显然是一个非常复杂的问题。美国一家顾问公司为解决这个问题开发了一种计划评审技术。由于采用了计划评审技术,使该项计划提前两年完成。

关键线路法与计划评审技术的相同之处在于:①利用网络图表示工程计划;②网络图反映了工作之间的关系;③分析各项工作在网络计划中的地位;④利用关键线路资源分析、费用分析等手段优化网络图。

这两种方法的主要区别在于:关键线路法适用于各项作业时间有经验数据可循的工程计划,主要研究工期与工程费用的关系,大多应用于与已有项目类似的项目;而计划评审技术适用于各项作业时间无经验数据可循,只能假定其服从某种概率分布的工程计划,重点在于各项作业的评价、审查和安排,大多应用于新项目研发。

关键线路法及计划评审技术迅速在美国及其他国家的军事、工业、管理等领域获得广泛应用,并进一步发展成熟,形成了系统工程的一个重要分支网络计划技术。1965年,著名数学家华罗庚教授在我国首先推广和应用了这一科学管理方法,取其统筹兼顾、合理安排的主导思想(统筹法),并在我国国民经济各部门各领域取得了显著成效。目前我国与网络计划技术有关的行业标准为《工程网络计划技术规程》(JGJ/T 121—2015)。本章所介绍的各种概念、方法及所使用的各种符号均与该标准一致。

网络计划技术是一种在关键线路法及计划评审技术基础上发展起来的工程管理技术。

网络计划技术的定义:网络计划技术是一种用网络图表达任务构成、工作顺序并加注工作时间参数,用于对工程计划进行优化与控制的技术。其主要内容包括绘制网络图、计算时间参数及网络计划优化。

需要指出的是,网络计划技术是使计划安排条理化的科学手段,由实施计划任务的各项技术和组织方案构成的计划安排方案是计划的基础;计划的先进性、实施性和有效性最终取决于计划安排方案本身是否合理,而不是取决于其是否采用了网络计划技术。网络计划技术只能对计划安排起条理化的作用,并不能从根本上决定计划的质量和效果。也就是说,在计划安排方案先进合理的前提下,运用网络计划技术可促进计划目标的实现;否则可能造成计划编制和执行过程的混乱,从而影响计划目标的实现。如果计划安排方案本身就不合理,即使运用网络计划技术,也无助于计划目标的实现。

第二节 网络图的基本要素

网络图是网络计划技术的基础,因此要掌握网络图的基本概念及绘制网络图的规则。

网络图的主要组成要素包括工序、事件及路线三大部分。

一、工序

工序泛指一项需要消耗人力、物力和时间的具体活动过程,又称活动任务、工作或作业。一项工序的具体内容可多可少,范围可大可小。例如,可以把修建一栋房子作为一项工序,也可以把房子的设计、施工、装修等分别作为一项工序。完成一项工序需要消耗一定的资源,占用一定的时间和空间。有些工序虽不消耗资源,但却占用时间,如水泥浇灌后的凝固、油漆后干燥等技术性的间歇也是一项工序。此外,还有一种工序既不耗用人力物力,也不需要占用时间,它只表示前后两道工序之间的逻辑关系,称为虚工序。

二、事件

事件,又称为事项,是指某一项工序开始或完成的瞬时分界点。它不消耗人力物力,也不需要占用时间,它只表示某项工序开始或结束的瞬间。

三、路线

路线是指在网络图中从起点事件开始,顺着箭头所指的方向,通过一系列的事件和箭线连续不断到达终点事件的一条通路。路线的总长度就是这条路线中各项工序所需时间的总和。在一个网络图中可能有很多条路线,其中总长度最长的路线称为关键路线,其他路线称为非关键路线。关键路线上的各工序称为关键工序。

关键路线决定着整个计划(工程)的完工周期,如果在这条路线上的工作有所耽误,则整个计划(工程)工期就推迟;相反,如果能采取一定的技术组织措施缩短这条路线的持续时间工期就可能提前完成。所以说,从能不能尽快完成任务这一点来看,这条路线是整个计划(工程)的关键。

有时在一个网络图也可能出现几条关键路线,这时几条路线完工周期相同。

网络图通常由节点、箭线和由箭线连成的路线组成。其中,节点是两条或两条以上箭线的交点。网络图主要分为箭线式(以箭线表示活动)和节点式(以节点表示活动)两大类。

第三节 网络图的绘制

一、双代号网络图的构成要素

双代号网络图的构成要素包括工作和节点。

1. 工作

工作是项工程当中在工艺技术和组织管理上相对独立,需要有人力和物力参与,经过一定时间才能完成的活动,又称为作业、工作活动等。

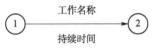

图7-1 工作示意图

工作在双代号网络图中用箭线表示,工作内容写在箭线上方,完成该工作的持续时间写在箭线下方,箭尾表示工作的开始,箭头表示工作的结束。(图7-1)箭线的长度不直接反映该工作所占用时间的长短。

2. 节点

节点是相邻工作在时间上的分界点,表示工作的开始或结束,又称为事项。同一个节点既表示前一个或若干个工作的完成,又表示后一个或若干个工作的开始。节点在双代号网络图上用带有数字编号的圆圈表示。对于任一工作,规定开工节点的编号小于完工节点的编号(图7-1)。

指向某节点的箭线称为该节点的内向箭线;从某节点引出的箭线称为该节点的外向箭线。

3. 紧前工作和紧后工作

某工作开始之前必须先期完成的工作称为该工作的紧前工作;某工作完成之后必须紧接着开始的工作称为该工作的紧后工作。例如,工作d需要在工作a、b、c都完工后才能开工,其网络图如图7-2a)所示,则称工作a、b、c为工作d的紧前工作;而工作d为工作a、b、c的紧后工作。对于网络图7-2b),工作d为工作a、b、c的紧前工作;工作a、b、c为工作d的紧后工作。

4. 线路

从网络图的起始节点开始沿箭头方向顺序通过一系列箭线与节点最后到达终点节点的通路称为一条线路。在网络图中由起点到终点的线路有多条,其中必有一条是最关键的线路,这条关键线路的路长(在此路上所有工作持续时间之和)为整个工程的总工期。

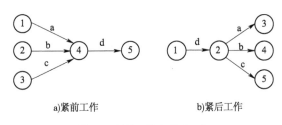

a) 紧前工作　　　　　　b) 紧后工作

图 7-2　紧前工作与紧后工作

二、双代号网络图的绘制步骤

网络图是工程计划的网络模型,是工程工期计算、工作开工时间调整、网络优化的基础。双代号网络图的绘制一般包括以下步骤:

(1)任务分解。任务分解是指将一项计划工程分解为若干具体的作业。对于小型工程,可直接分解至工作这一层次;对于大型工程,可分解为若干层次每个层次分别绘制网络图。

(2)确定工作持续时间。根据工作内容、以往类似工作的资料等确定各工作的持续时间。根据不同情况,可在以下两种方法中选用一种:

①一点估计法。在具有类似工作可靠数据资料作为参考的情况下,通过对比分析,给出工作持续时间。

②三点估计法。在缺少类似工作可靠数据资料的情况下,首先估计工作的最乐观时间 a、最悲观时间 b 和最可能时间 m,然后取这三个时间的平均值作为工作的持续时间。

最乐观时间是指在顺利情况下完成工作的最短时间。

最悲观时间是指在不理想情况下完成工作的最长时间。

最可能时间是指在一般情况下完成工作的时间。

三点估计法的平均工作时间的计算公式为

$$t = \frac{a + 4m + b}{6}$$

(3)确定工作之间的关系。分析各工作之间的紧前工作和紧后工作的关系。完成以上步骤后,需编制网络计划工作逻辑关系及持续时间表,内容包括工作代号、工作名称、紧前工作、紧后工作和持续时间(表7-1)。

某交通规划工程网络计划工作逻辑关系及持续时间表　　表 7-1

工作代号	工作名称	紧前工作	紧后工作	持续时间(d)
a	交通流调查	—	c	20
b	交通设施现状调查	—	c	10
c	交通需求预测	a、b	d、f	20
d	交通规划编制	c	e、f	50
e	交通规划公示	d	—	10
f	交通规划修订	c、d	g	20
g	交通规划审批	f	—	20

(4)绘制网络图。

三、绘制双代号网络图的规则

绘制双代号网络图必须遵循以下规则:

(1)紧前完工。每项工作开始之前,其所有紧前工作必须已经完工。该规则保证网络图正确表达已经规定的工作之间的逻辑关系。

(2)"二夹一"。一对节点之间只能有一项工作。该规则保证一对节点只能表示一项工作。图7-3所示是错误的。

(3)始终点唯一。网络图只有一个起点节点和一个终点节点,起点节点无紧前工作,终点节点无紧后工作。

(4)工作不重复。网络无回路。项工作从整个计划的开始到完工,只能被执行一次,因而不能出现回路。图7-4所示是错误的。

(5)节点编号不重复。

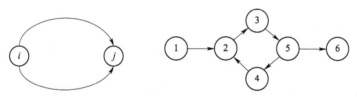

图7-3 对节点之间只能有一项工作　　图7-4 网络图中不能出现回路

四、虚工作处理

为满足网络图绘制规则,有时需要在网络图中引入虚工作。虚工作没有任何具体的工作内容,也没有时间消耗,只表示工作之间的相互衔接关系。虚工作用虚箭线表示。

如果工作d要在工作a、b、c都完成后方可开始,而工作e只需在工作b、c完成后即可开始,则网络图需引入虚工作,如图7-5a)所示。

如果工作d在工作a之后,工作e在工作b之后,工作f在工作a与工作b之后,则网络图的画法如图7-5b)所示。

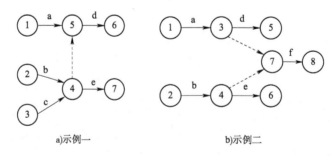

a)示例一　　　　　　　　b)示例二

图7-5 虚工作

在实际工作中,为达到缩短工期的目的,经常采用平行作业和交叉作业方法则必须在网络图中利用虚工作反应各工作间的逻辑关系。

当几项相邻工作都需要较长时间才能完成时,可以将各工作分成几段工作交叉进行。

在前一项工作未全部完成时,后面的工作即可开始,这时也需要在网络图中引入虚工作。

例如,某条道路的改造工程分为两项工作 a、b,这两项工作需要的施工时间都比较长,为节约时间,可以采用分段交叉进行的方法,比如将道路分为三段,第一段道路的工作 a_1 完成后,即可开始该路段的工作 b_1,同时开始第二段道路的工作 a_2,依此类推,其网络图如图7-6 所示

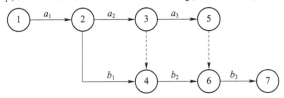

图 7-6 相邻长工作分段处理

五、网络图时间参数计算

运用网络计划技术的目的是进行网络计划优化和网络计划控制,而这两项工作都需要网络图的各种时间参数。双代号网络图的时间参数分为节点时间参数和工作时间参数两种,包括节点最早时间 ET_i、节点最迟时间 LT_i、工作最早开始时间、工作最早完成时间、工作最迟开始时间、工作最迟完成时间、工作总时差及工作自由时差。

网络图时间参数的计算方法分为节点计算法和工作计算法。这两种方法都可计算所有的时间参数,且计算结果相同。本章只介绍按节点计算法。

1. 节点时间参数的计算

1)节点最早开始时间 ET_i

节点最早开始时间 ET_i 是以节点 i 为开始节点的各项工作的最早开始时间 $D_{i\text{-}j}$。

计算原则:某节点的最早开始时间应能保证其所有的紧前工作都已完工。

计算方法:从起点节点开始顺序计算。

以下以 $D_{i\text{-}j}$ 表示工作 $i\text{-}j$ 的持续时间:

(1) 节点 i 的最早时间:ET_i。

(2) 节点 i 的紧前工作只有一项(图7-7),则

$$ET_i = ET_k + 紧前工作的持续时间 = ET_k + D_{k\text{-}i}$$

(3) 节点 i 的紧前工作有多项(图7-8):根据其紧前工作的不同完成时间,节点 i 有多个最早开始时间。但是,为保证节点 i 开始时,其所有紧前工作都能完成,所以节点 i 的最早时间应取其紧前工作最迟者,即

$$ET_i = \max\{ET_k + D_{k\text{-}i}\}$$

式中:$k < i$——i 的多个紧前工作的起始节点编号。

终点节点的最早开始时间 ET_n 为网络计划的计算工期。

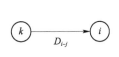 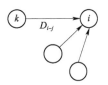

图 7-7 节点只有一项紧前工作　　图 7-8 节点有多项紧前工作

2）节点最迟结束时间 LT_i

节点最迟结束时间 LT_i 是以节点 i 为开始节点的各项工作的最迟结束时间。

计算原则：某节点的最迟结束时间应能保证其所有紧后工作都能按总工期要求如期完工。

计算方法：从终点节点开始逆序计算。

(1) 终点节点 n 的最迟时间：由网络计划的总工期确定，即 $LT_n = ET_n$。

(2) 节点 i 的紧后工作只有一项（图 7-9），则
$$LT_i = LT_j - \text{紧后工作的持续时间} = LT_j - D_{i-j}$$

(3) 节点 i 的紧后工作有多项（图 7-10）：根据总工期对紧后工作的要求，节点 i 有多个最迟结束时间。但是，为保证所有紧后工作都能按计划工期如期完工，节点 i 的最迟时间应取其最紧后工作早者，即
$$LT_i = \min\{LT_j - D_{i-j}\}$$

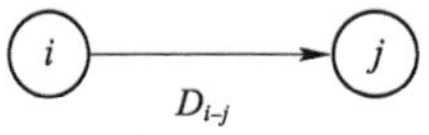

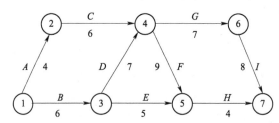

图 7-9 节点只有一项紧后工作 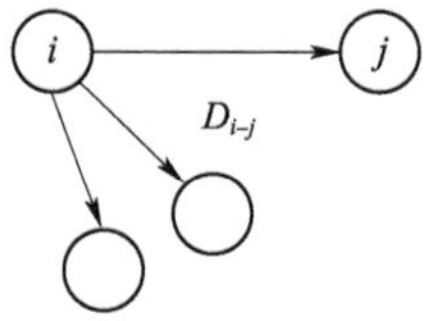　　图 7-10 节点有多项紧后工作

【例 7-1】 计算图 7-11 所示网络图中各节点的最早时间和最迟时间。

图 7-11 例网络图

解：

(1) 各节点最早时间：

$$ET_1 = 0$$
$$ET_2 = ET_1 + D_{1-2} = 0 + 4 = 4$$
$$ET_3 = ET_1 + D_{1-3} = 0 + 6 = 6$$
$$ET_4 = \max\begin{Bmatrix} ET_2 + D_{2-4} \\ ET_3 + D_{3-4} \end{Bmatrix} = \max\begin{Bmatrix} 4+6 \\ 6+7 \end{Bmatrix} = 13$$
$$ET_5 = \max\begin{Bmatrix} ET_4 + D_{4-5} \\ ET_3 + D_{3-5} \end{Bmatrix} = \max\begin{Bmatrix} 13+9 \\ 6+5 \end{Bmatrix} = 22$$
$$ET_6 = ET_4 + D_{4-6} = 13 + 7 = 20$$
$$ET_7 = \max\begin{Bmatrix} ET_6 + D_{6-7} \\ ET_5 + D_{5-7} \end{Bmatrix} = \max\begin{Bmatrix} 20+8 \\ 22+4 \end{Bmatrix} = 28$$

该网络计划的总工期为 $ET_7 = 28$。

(2) 各节点最迟时间:

$$LT_7 = ET_7 = 28$$

$$LT_6 = LT_7 - D_{6-7} = 28 - 8 = 20$$

$$LT_5 = LT_7 - D_{5-7} = 28 - 4 = 24$$

$$LT_4 = \min \begin{Bmatrix} LT_6 - D_{4-6} \\ LT_5 + D_{4-5} \end{Bmatrix} = \min \begin{Bmatrix} 20 - 7 \\ 24 - 9 \end{Bmatrix} = 13$$

$$LT_3 = \min \begin{Bmatrix} LT_4 - D_{3-4} \\ LT_5 - D_{3-5} \end{Bmatrix} = \min \begin{Bmatrix} 13 - 7 \\ 24 - 5 \end{Bmatrix} = 6$$

$$LT_2 = LT_4 - D_{2-4} = 13 - 6 = 7$$

$$LT_1 = \min \begin{Bmatrix} LT_2 - D_{1-2} \\ LT_3 - D_{1-3} \end{Bmatrix} = \min \begin{Bmatrix} 7 - 4 \\ 6 - 6 \end{Bmatrix} = 0$$

在网络图上,用如图 7-12 所示的节点时间参数值进行标注,如图 7-13 所示。

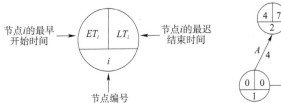

图 7-12 节点时间参数值表示图

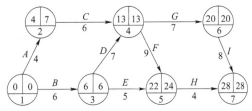

图 7-13 节点时间参数的标注图

2. 工作时间参数的计算

(1) 工作最早开始时间 ES_{i-j} 与该工作箭尾节点的最早时间相一致,即

$$ES_{i-j} = ET_i$$

(2) 工作最早完成时间 EF_{i-j}。

工作 $i-j$ 最早完成时间 EF_{i-j} 等于该工作最早开始时间与工作持续时间之和,即

$$EF_{i-j} = ES_{i-j} + D_{i-j}$$

(3) 工作最迟开始时间 LS_{i-j}。

工作 $i-j$ 最迟开始时间 LS_{i-j} 等于该工作箭头节点的最迟结束时间减去该工作的持续时间,即

$$LS_{i-j} = LT_j - D_{i-j}$$

(4) 工作最迟完成时间 LF_{i-j}。

工作 $i-j$ 最迟完成时间 LF_{i-j} 等于该工作箭头节点的最迟结束时间,即

$$LF_{i-j} = LT_j$$

(5) 工作自由时差 FF_{i-j}。

工作 $i-j$ 的自由时差为不在影响其紧后工作最早开始时间的前提下,该工作可以利用的机动时间,等于该工作箭头节点最早时间减去箭尾节点最早时间,再减去工作持续时间,即

$$FF_{i-j} = ET_j - ET_i - D_{i-j}$$

(6) 工作总时差 TF_{i-j}。

工作 $i-j$ 的总时差为在不影响总工期的前提下,该工作可以利用的机动时间,等于该工作的最迟开始时间减去最早开始时间,即

$$TF_{i-j} = LS_{i-j} - ES_{i-j} = LT_j - D_{i-j} - ET_i = LT_j - ET_i - D_{i-j}$$

由以上各计算公式可以看出,所有工作时间参数均可以利用节点时间参数及工作持续时间进行计算。为方便计算,通常采用列表计算的方法。

【**例 7-2**】 在例 7-1 的基础上,计算各工作的时间参数。另外,为了使网络图简洁、清晰,引入图 7-14 所示的符号,来表示工作最早开始时间 ES_{i-j}、工作最迟完成时间 LF_{i-j} 等,得到图 7-15 所示的网络图。

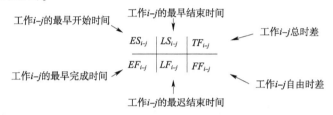

图 7-14 工作时间参数值表示图

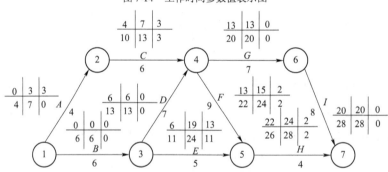

图 7-15 工作时间参数的标注

3. 关键线路的确定

(1) 当工作总时差为 0,表明该工作的开工时间无机动余地,必须准时开工,否则必贻误总工期,这种工作称为关键工作。

(2) 当工作总时差大于 0,表明该工作的开工时间有一定的机动余地,这种工作称为非关键工作。

关键线路将全部关键工作按顺序连接起来,从起点节点到终点节点如果能形成一条线路,则这条线路称为关键线路。在所有线路中,关键线路是所需时间最长的线路。关键路线可能不止一条。在例 7-2 中,关键线路为 1-3-4-6-7。

第四节 网络图时间-成本优化

在上述时间优化的基础上,要进一步缩短完工日期必将增加人力、设备和资金的投入,即增加成本。时间-成本优化就是寻求工期与成本的最佳组合,即在保证工期最短的条件下寻求成本最低的方案;或者在成本最低的要求下寻求合理的完工日期。

工程的成本费用包括直接费用和间接费用。其中,直接费用是指直接用于生产的材料费、工具费、设备折旧费、生产人员的工资等。间接费用是指那些与工程无直接关系的费用,如管理人员的工资、办公费等。对于一项工程来说,缩短工期会使直接费用增加和间接费用减少。由于直接费用在成本中占有较大的比例,又与工期长短直接相关,所以,时间与成本优化主要是分析工期与直接成本费用的关系。

工期与直接费用的分析是以工作为基础的,完成某工作所用的时间与直接费用的关系,严格地说,并不是线性关系,而是为方便计算用线性关系来近似。在图7-16中,T_A为正常时间,是指在正常情况下完成某工作所需要的时间;F_A称为正常费用,是完成该工作所需的最低费用,即使工期再延长费用也不可能再降低了;时间T_B称为极限时间或赶工时间,是完成该工作的最短时间,即使费用再增加也不可能再缩短了。完成每项工作所需的时间一般在正常时间T_A和极限时间T_B之间。

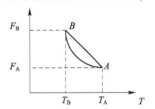

图 7-16 成本斜率示意图

$F_B - F_A$是指工期由正常时间T_A缩短为极限时间T_B所需增加的直接费用,工期缩短单位时间所增加的直接费用称为成本斜率,用下式表示

$$F = \frac{F_B - F_A}{T_A - T_B}$$

成本斜率越大,表示将工期缩短单位时间所增加的直接费用越多。若要缩短工期,应从关键线路上成本斜率最低的工作入手,这是时间—成本优化的出发点。

【例7-3】 已知某工程各工序的作业时间、直接费用和赶工费用等由表7-2给出。要求:以最低成本将总工期缩短两天。

各工序时间费用表　　　　　　　　　　　　　　　　　　　表7-2

工序代号	编号	作业时间(d)		作业费用		成本斜率 (元/d)
		正常	赶工	正常	赶工	
A	①→②	7	6	300	600	300
B	②→③	5	4	500	600	100
C	②→④	4	3	450	600	150
D	②→⑤	5	3	250	350	50
E	③→⑥	3	2	400	600	200
F	④→⑥	5	4	400	500	100
G	③→⑦	8	6	300	400	50
H	⑤→⑦	3	2	300	400	100
I	⑥→⑦	6	5	500	700	200

解:

要以最低成本将总工期缩短两天,应从关键线路入手,找出关键线路上成本斜率最低的工作。由计算可知,该网络只有一条关键线路,即①→②→④→⑥→⑦,其路长为22d,这条关键线路上成本斜率最低的工作是④→⑥,将此工作的作业时间由 5d 缩短为 4d,总工期减少 1d,由此引起直接费用增加 100 元。

当总工期为 21d,线路①→②→④→⑥→⑦和①→②→③→⑥→⑦为关键线路。要将总工期再压缩 1d,必须将两条线路的工期都压缩 1d。第一条关键线路上成本斜率最低的工作④→⑥不允许再压缩了。除工作④→⑥外,成本斜率最低的工作是②→④,将其作业时间压缩 1d,同时将第二条关键线路上工作②→③的作业时间也压缩 1d。结果,总工期降为 20d,直接费用共增加 250d。如果将这两条关键线路上共有的工作⑥→⑦的作业时间压缩 1d,直接费用只增加 200 元。

以上是时间-成本优化的基本原则和方法。

1.某交通工程公司承担的道路施工项目共分解为五项工作,其工作持续时间、工作逻辑关系及各项工作每天人力需用量见表 7-3。该公司分配给此项目的人数为 20 人。试对该网络计划进行资源优化。

某道路施工工程网络计划的工作逻辑关系、持续时间及人力需用量表　　表 7-3

工作代号	紧前工作	紧后工作	工作时间	每天所需人力
A	—	C	4	10
B	—	DE	6	10
C	A	FG	6	10
D	B	FG	7	10
E	B	H	5	10
F	C、D	H	9	10
G	C、D	I	7	10
H	E、F	—	4	10
I	G	—	8	10

2.某网络计划如图 7-17 所示,各工作的正常持续时间、最短持续时间、正常时间费用以及最短时间费用见表 7-4,已知整个工程的间接费用率为 120 元/d。试求费用最低的工期。为求解方便,在网络图中的箭线下方标出了正常持续时间和最短持续时间。

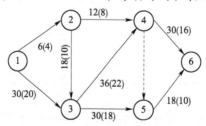

图 7-17　题 2 图

各项工作的数量 表 7-4

工 作	工作持续时间	最短持续时间(d)	正常时间费用(元)	最短时间费用(元)
1~2	6	4	1500	2000
1~3	30	20	7500	8500
2~3	18	10	5000	6000
2~4	12	8	4000	4500
3~4	36	22	12000	14000
3~5	30	18	8500	9200
4~6	30	16	9500	10300
5~6	18	10	4500	5000

第八章 物流系统模拟

第一节 系统模拟概述

一、系统模拟

系统模拟又称系统仿真,是指以某种工具和手段(主要是电子计算机及其软件)模仿系统的工作过程和运行状态。基本方法是运用统计试验来研究系统的假想模型,以获得系统有关的动态特性。它既是分析问题、求解复杂问题的方法,又是一种实验手段。

人们在研究系统特别是在研究那些复杂庞大的系统时,往往要通过建立模型,在模型上通过试验的方法,来认识和了解系统。

系统模拟的目的主要是在人为控制的环境和条件下,通过改变系统的输入输出或系统模型的特定参数,来观察系统或模型的响应,用于预测系统在真实环境和条件下的品质、行为、性质和功能。

二、系统模拟的发展过程

从古至今,模拟的思想一直存在,人们用模拟的方法进行认识和改造世界,如古代曹冲称象,就是模拟浮力原理来称大象体重;而近代的军事演习,就是利用真实的人力物力对未来战争所进行的模拟。系统模拟的发展大致经历了直观模仿、模拟试验和功能模拟三个阶段。

1. 直观模仿阶段

在直观模仿阶段,人们只是对自然物进行直观模仿。它的特点是只模仿自然物的外部几何形状以及由几何形状产生的某种功能。模拟的目的是通过研究对象发现自然界的优点,然后将这些优点移植到人工工具上,即主要在于发展模型本身。因此,直观模仿只能为发展科学提供一些条件,不能产生根本性变革。

2. 模拟试验阶段

在模拟试验阶段,人们开始将模拟方法用于科学试验,通过模拟原型、研究模型来认识和改造原型,最终制成比原型更高级的系统。通常采用两种方法来模拟试验:一种方法是以几何相似或物理相似为基础的物理模拟;另一种方式是以数学方程式相似为基础的数学模拟。模拟试验的结果必须在实践中加以检验。

3. 功能模拟阶段

在功能模拟阶段,人们开始以不同对象的功能和行为的相似为基础进行模拟,可以通过利用不同的系统结构来实现相同的功能,如电子计算机可以模拟人脑的思维功能等。功能模拟已成为当代模拟的主要工具。

三、系统模拟的步骤

虽然不同类型的系统模拟其具体实现方法途径也各有特点,但是总体来说,其一般步骤基本是相同的。主要有以下四个步骤:

(1)提出问题,明确模拟对象。

要求清楚、准确地阐明模拟对象的研究主题,并建立模拟系统的规模、目的和范围,确定模拟系统的界限、条件以及系统模拟效果的评定准则。

(2)建立系统模拟模型。

通过对被模拟的系统进行假设、简化和相应的资料数据,建立计算机能运行的系统模拟模型,并观察其是否与实际系统的情况相符合,若有差异,则应立即修正以确保所建模型的有效和可靠。

(3)验证模拟模型。

对所建立的模拟模型输入各种条件,观察其输出情况,验证模型能否正确地反映现实系统的本质以及了解各种条件的变化对现实过程的影响。

(4)模拟结果的分析评价。

对模拟结果进行分析,并按照模拟模型的评价标准,对其验证工作进行评价和比较,做出模拟结论。若符合要求,则模拟工作完成;若不符合,则修改模型或重新模拟。

四、系统模拟的功能

系统模拟的功能是评估系统中的某一部分,包括:评估系统的各个部分或子系统之间的影响和对系统整体性能的影响;比较各种设计方案,以获得最优设计;在系统发生故障后使之重演,以便研究故障原因;进行假设检验;训练系统操作人员等。

五、系统模拟的方法

在系统工程中,利用模拟模型来研究系统时,首先要建立模拟模型,然后通过模型进行多次重复试验。模拟模型一般分为物理模拟模型、数学模拟模型和兼有两种模型特征的模拟模型三类。物理模拟模型即实体模型;数学模拟模型又分为数学解析模拟和蒙特卡罗模拟。下文主要介绍蒙特卡罗模拟。

第二节 蒙特卡罗模拟

一、蒙特卡罗方法的起源和概述

蒙特卡罗方法(Monte Carlo method),也称统计模拟方法,属于计算数学的一个分支。1777年,法国Buffon提出用投针试验的方法求圆周率π。20世纪40年代,在科学家冯·诺伊曼、斯塔尼斯拉夫·乌拉姆等人于洛斯阿拉莫斯国家试验室为核武器计划工作时,发明了蒙特卡罗方法。因为乌拉姆的叔叔经常在摩纳哥的蒙特卡洛赌场输钱得名,而蒙特卡罗方法正是以概率为基础的方法。

蒙特卡罗法是以概率统计为基础的一种计算方法,它是按一定的概率分布产生一系列随机数来模拟可能出现的随机现象,采取反复取样的方法在计算机上使系统运行,从而为系统决策提供依据或对系统决策进行检验的一种方法。

蒙特卡罗方法可以粗略地分成两类:一类是所求解的问题本身具有内在的随机性,借助计算机的运算能力可以直接模拟这种随机的过程;另一类是所求解的问题可以转化为某种随机分布的特征数。通过随机抽样的方法,以随机事件出现的频率估计其概率,或者以抽样的数字特征估算随机变量的数字特征,并将其作为问题的解。这种方法多用于求解复杂的多维积分问题。

如果用蒙特卡罗法来计算一个不规则图形的面积,那么图形的不规则程度和分析性计算(比如积分)的复杂程度是成正比的。蒙特卡罗方法基于这样的想法:假设你有一袋豆子,把豆子均匀地朝这个图形上撒,然后数这个图形之中有多少颗豆子,这个豆子的数目就是图形的面积。当你的豆子越小,撒的越多的时候,结果就越精确。借助计算机程序可以生成大量均匀分布的坐标点,然后统计出图形内的点数,通过它们占总点数的比例和坐标点生成范围的面积就可以求出图形面积。

二、蒙特卡罗法的基本步骤

(1)建立概率统计模型(如随机事件、随机过程等)。根据提出的问题建立一个简单、适用的概率模型或随机模型,使问题的解对应于该模型中随机变量的某些特征(如概率、均值、方差等),所构造的模型在主要特征参量方面要与实际问题相一致。蒙特卡洛法既可以解随机性问题,又可以解确定性问题。对于随机性问题,由于本身具有概率性质,所以构造概率模型时主要是解决如何用一个概率模型正确地描述它。对于确定性问题,要根据问题的特点人为地构造一个概率模型,使其转化成一个具有概率特征的问题。

(2)定义随机变量。概率模型确定后,根据问题要求定义一个随机变量,使它的分布或数字特征恰好就是问题的解。这里定义的随机变量可以是连续型的,也可以是离散型的,根据要求而定。

(3)通过模拟获得子样。随机变量确定后,根据概率模型找出对随机变量的抽样方法,实现从已知概率分布抽样。在计算机上进行数字模拟试验,人为地产生一组样本大小为 N 的样本观察值,又称做子样。它近似地具有简单随机子样的性质。

(4)统计计算。统计分析模拟实验结果,对结果进行统计处理得到问题的解。

三、随机数的产生

随机数的产生是实现蒙特卡罗方法的关键。通常,最简单的产生随机数的方法就是掷骰子,但是这种方法产生的随机数会受到一些因素的影响(如骰子是否均匀),因而是不可靠的。现今广泛使用计算机来产生随机数,因此计算机成为系统模拟中十分重要的工具。

有关随机数的生成方法是经过一个发展过程的。目前常用的方法归纳起来,大致有如下三种:

(1)随机数表法,即由人们在事前产生出一批随机数,并将其排列成一张有序表格,当需要

时可以从这张随机数表中调用。表 8-1 为一个有两位数字的随机数表,表中从 01 至 00 范围内的数字组合,每一个数在表中某个位置上出现的概率完全相同,这些数就是以随机顺序排列的。

两 位 随 机 数 表　　　　　　表 8-1

33	24	52	87	13	31	14	53	65	35	02	76	07	62	93	67	23	93	42	16
50	72	85	66	18	51	49	20	94	53	06	43	09	07	51	70	88	54	35	75
13	19	79	96	61	23	74	91	76	35	17	84	97	48	48	80	77	34	90	29
82	20	86	44	47	63	04	98	43	77	32	33	63	46	79	66	60	33	70	97
59	91	72	29	60	07	04	83	73	28	70	95	41	55	44	20	07	28	93	97
30	33	20	80	29	98	80	68	52	80	55	91	46	92	56	92	57	78	33	63
24	95	12	56	03	08	83	06	15	20	62	57	59	41	90	31	90	56	35	29
02	33	21	96	23	78	87	31	54	77	30	14	18	10	08	79	38	98	35	86
15	41	99	86	67	63	04	76	94	56	06	97	79	66	68	03	21	95	38	21
38	51	58	80	61	85	21	26	57	81	45	33	21	56	21	88	83	65	29	48
12	08	04	33	62	78	49	42	61	53	15	22	03	98	17	69	41	82	45	92
85	23	36	43	13	37	21	50	09	12	96	91	17	31	62	90	86	94	58	31
92	55	01	88	68	65	65	08	96	72	94	86	06	29	28	30	66	52	76	36
79	27	84	90	59	40	21	83	87	79	88	93	63	34	10	54	73	56	35	67
59	80	13	96	77	11	15	89	47	74	22	45	41	66	89	09	96	62		
11	26	06	05	73	01	49	45	69	31	61	47	39	71	66	12	28	67	52	16
97	54	15	28	63	60	82	89	02	91	10	73	20	47	08	55	52	90	86	
39	47	73	96	60	18	56	00	98	72	17	68	62	06	10	66	60	11	09	25
71	14	64	64	28	82	47	36	87	75	48	60	37	90	15	80	54	43	61	93
16	59	96	95	85	66	88	37	08	88	98	85	02	90	02	13	60	60	96	
77	87	27	72	76	79	15	68	23	57	46	80	88	57	41	10	33	15	47	86
78	15	18	02	65	23	14	08	54	97	62	61	13	23	43	01	23	29	77	62
40	37	69	32	79	84	37	50	76	72	62	46	06	23	72	17	56	86	67	11
83	43	17	25	54	99	29	15	13	96	64	94	50	87	51	76	82	18	73	00
28	71	96	61	27	84	81	27	99	64	34	53	34	21	74	53	95	01	11	35

(2)随机数发生器法,即在计算机上附加一个产生随机数的装置,如附加一个某种放射粒子的发射源装置,由于发射源在单位时间内发射的粒子数量是随机的,所以,用计数器记录下来的数值就是随机数了。

(3)利用数学公式产生随机数。由于这种方法既方便又经济,是目前采用较多的随机数生成法。由于真正的随机数只能从客观的真实随机现象本身中才会产生出来,从这个意义上讲,人们特别把用数学方法产生的随机数,称作"伪随机数"。产生伪随机数的数学方法,有迭代取中法、指令位移法、同余法等。其中,乘同余法和混合同余法能产生周期长、统计性质优的伪随机数,使用最为广泛。下文将简单介绍加乘同余法。

加乘同余法是由莱默设计的,是目前比较常用的求随机数的一种方法。其算法如下:

$$X_{n+1} = (aX_n + C) \pmod{m} \quad n \geq 0$$

式中:X_n——初始值;
　　a——乘子,常数;
　　C——增量,常数;
　　m——模数,常数。

加乘同余法得到的随机数分布更均匀,周期更长,计算起来更快。但是这种方法有时候也会出现循环。用加乘同余法求随机数时要注意以下几个问题:

①增量常数 C 的选择,C 应为奇数,且一般要求 $C(\mod 8) = 5$(对二进制计算机)。

②乘子常数 a 的选择,a 应为奇数,且如果 4 是 m 的一个因数,则 $a = 1(\mod 4)$;如果 P 是 m 的一个质因子,则 $a = 1(\mod P)$。

③模数常数 m 的选择,m 应是一个较大的数。

④初值的选择,尽量不用零。

四、蒙特卡罗仿真实例分析——排队论问题

在物流系统中,排队现象是非常常见的。排队论是一门研究随机服务系统的理论和方法。在随机服务系统中,服务对象何时到达,以及系统对于每个对象的服务时间都是随机的。排队论通过对每个个别的随机服务现象的统计研究,找出反映这些随机现象统计特性的规律,从而为设计新的服务系统或改进现有的服务系统提供依据。对于服务对象到达时间和服务时间均服从负指数分布的一类排队系统,可以应用排队论提供的解析方法来处理。对于复杂的排队系统,应用解析方法求解比较困难和烦琐,多采用模拟方法来解决。

【**例 8-1**】 某仓库有一名管理员负责发料工作,根据以往的记录整理出领料人到达时间间隔和管理员发料时间长度的频率见表 8-2、表 8-3。

试用蒙特卡罗法计算:

(1)领料人平均等待时间。

(2)队长(平均等待的顾客人数)。

(3)发料人的平均服务时间。

(4)领料人的平均到达时间间隔。

(5)领料人在仓库的平均消耗时间(包括服务时间)。

到达时间间隔频率表　　　　　　　　　　　　　　　　　　　表 8-2

到达时间间隔(min)	3	4	5	6	7	8
发生频率	0.05	0.20	0.35	0.25	0.10	0.05

发料时间长度频率表　　　　　　　　　　　　　　　　　　　表 8-3

发料时间长度(min)	3	4	5	6	7
发生频率	0.10	0.20	0.40	0.20	0.10

解:

首先,根据到达时间间隔频率表和发料时间长度频率表,计算累计概率,分配随机数,见

表8-4和表8-5。(表中到达时间间隔和发料时间长度的取值原则:当到达时间间隔和发料时间长度小于或等于3min时,按3min计;当到达时间间隔和发料时间长度为3~4min则按4min计,其余依此类推。)

到达时间间隔表　　　　　　　　　　　　　　　　　表8-4

到达时间间隔(min)	发生频率	累计概率	随 机 数
3	0.05	0.05	01~05
4	0.20	0.25	06~25
5	0.35	0.60	26~60
6	0.25	0.35	61~85
7	0.10	0.35	86~95
8	0.05	1.00	96~00

发料时间长度表　　　　　　　　　　　　　　　　　表8-5

发料时间长度(min)	发生频率	累计概率	随 机 数
3	0.10	0.10	01~10
4	0.20	0.30	11~30
5	0.40	0.70	31~70
6	0.20	0.90	71~90
7	0.10	1.00	91~00

其次,利用随机数进行模拟。从随机数表中任意一个数开始,顺序抽取20个随机数进行模拟20个顾客来仓库领料,其仿真模拟情况见表8-6(设仿真从8:00正式开始)。

随机服务系统仿真模拟表　　　　　　　　　　　　　表8-6

序号	到达时间间隔		到达时间	服务开始时间	服务时间		服务完成时间	管理员等待时间	领料人等待时间	等待队长
	随机数	时间间隔			随机数	服务时间				
1	83	6	8:06	8:06	46	5	8:11	6	—	—
2	70	6	8:12	8:12	64	5	8:17	1	—	—
3	06	4	8:16	8:17	09	3	8:20	—	1	1
4	12	4	8:20	8:20	48	5	8:25	—	—	—
5	59	5	8:25	8:25	97	7	8:32	—	—	—
6	46	5	8:30	8:32	22	4	8:36	—	2	1
7	54	5	8:35	8:36	29	4	8:40	—	1	1
8	04	3	8:38	8:40	01	3	8:43	—	2	1
9	51	5	8:43	8:43	40	5	8:48	—	—	—
10	99	8	8:51	8:51	75	6	8:57	3	—	—
11	84	6	8:57	8:57	10	4	9:01	—	—	—
12	81	6	9:03	9:03	09	3	9:06	2	—	—

续上表

序号	到达时间间隔		到达时间	服务开始时间	服务时间		服务完成时间	管理员等待时间	领料人等待时间	等待队长
	随机数	时间间隔			随机数	服务时间				
13	15	4	9:07	9:07	70	6	9:13	1	—	—
14	36	5	9:12	9:13	41	5	9:18	—	1	1
15	12	4	9:16	9:18	40	5	9:23	—	2	1
16	54	5	9:21	9:23	37	5	9:28	—	2	1
17	97	8	9:29	9:29	21	4	9:33	1	—	—
18	08	4	9:33	9:33	38	5	9:38	—	—	—
19	49	5	9:38	9:38	14	4	9:42	—	—	—
20	44	5	9:43	9:43	32	5	9:48	1	—	—
合计	—	103	—	—	—	93	—	15	11	7

最后,计算有关指标:

(1) 领料人平均等待时间:$11/20 = 0.55$(min)。

(2) 队长(平均等待的顾客人数):$7/20 = 0.35$(人)。

(3) 发料人的平均服务时间:$93/20 = 4.65$(min)。

(4) 领料人的平均到达时间间隔:$103/20 = 5.15$(min)。

(5) 领料人在仓库的平均消耗时间:$0.55 + 4.65 = 5.20$(min)。

根据上述数据和指标,可以分析该排队系统的运行状况,如仓库管理员人数设置是否合理,是否要增加管理人员以减少领料人的平均排队等待时间等。

思考与练习题

1. 系统模拟的步骤和方法是什么?

2. 加乘同余数法的递推公式为:$X_{n+1} = (aX_n + C)(\mathrm{mod}\, m)$。设 $a = 5, C = 7, m = 4, X_0 = 4$,试计算10个随机数。

3. 某超市收费处有一名收费员负责收费,根据以往的记录整理出顾客到达时间间隔和收费员收费时间长度的频率见表8-7、表8-8。

到达时间间隔频率表　　　　　　　　　　　　　　　　表8-7

到达时间间隔(min)	3	4	5	6	7	8
频率	0.20	0.30	0.25	0.15	0.05	0.05

收费时间长度频率表　　　　　　　　　　　　　　　　表8-8

收费时间长度(min)	3	4	5	6	7
频率	0.30	0.40	0.20	0.05	0.05

给出模拟顾客到达时间间隔的随机数为 83、46、06、78、91；模拟收费时间长度的随机数为 91、09、72、96、56。

试用蒙特卡罗法仿真模拟排队过程，从早上 9：00 开始模拟。试求：

（1）顾客的平均等待时间。

（2）平均等待的顾客人数。

（3）收费员的平均服务时间。

参 考 文 献

[1] 王众托.系统工程[M].北京:北京大学出版社,2010.
[2] 郝勇,范君晖.系统工程方法与应用[M].北京:科学出版社,2007.
[3] 周德群,方志耕,潘东旭,等.系统工程概论[M].北京:科学出版社,2005.
[4] 刘军,张方凤,朱杰.系统工程[M].北京:清华大学出版社,2011.
[5] 喻湘存,熊曙初.系统工程教程[M].北京:北京交通大学出版社,2006.
[6] 董肇君.系统工程与运筹学[M].北京:国防工业出版社,2007.
[7] (美)安德鲁·P·塞奇,(美)詹姆斯·E·阿姆斯特朗.系统工程导论[M].西安:西安交通大学出版社,2006.
[8] (英)戴瑞金·希金斯.系统工程:21世纪的系统方法论[M].北京:电子工业出版社,2017.
[9] 张庆英.物流系统工程——理论、方法与案例分析[M].2版.北京:电子工业出版社,2015.
[10] 汪应洛.系统工程[M].5版.北京:机械工业出版社,2019.
[11] 刘舒燕.交通运输系统工程[M].3版.北京:人民交通出版社,2012.
[12] 李振福.物流系统工程[M].大连:大连海事大学出版社.2016.
[13] 刘军,张方凤,朱杰编.系统工程[M].北京:机械工业出版社.2014.
[14] 谭跃进,陈英武,罗鹏程,等.系统工程原理[M].北京:科学出版社.2017.
[15] 郝勇,范君晖.系统工程方法与应用[M].北京:科学出版社.2007.
[16] 贾俊秀,刘爱军,李华.系统工程学[M].西安:西安电子科技大学出版社.2014.
[17] 李惠彬,张晨霞.系统工程学及应用[M].北京:机械工业出版社.2013.
[18] 白思俊.系统工程[M].3版.北京:电子工业出版社.2013.
[19] 李惠彬,张晨霞.系统工程学及应用[M].北京:机械工业出版社.2013.
[20] 毛厚高.系统工程[M].北京:人民邮电出版社.1988.
[21] 吴祈宗.系统工程[M].北京:北京理工大学出版社.2006.
[22] 郁滨等.系统工程理论[M].合肥:中国科学技术大学出版社.2009.
[23] 徐国祥.统计预测和决策[M].5版.上海:上海财经大学出版社.2016.
[24] 陈思录.系统工程[M].重庆:重庆大学出版社.1993.
[25] 王金山,谢家平.系统工程基础与应用[M].北京:地质出版社.1996.
[26] 汪应洛.系统工程理论、方法与应用[M].2版.北京:高等教育出版社.1998.
[27] 张天学,张延欣,张福祥.系统工程学[M].成都:电子科技大学出版社.2004.
[28] 李华,胡奇英.预测与决策教程[M].北京:机械工业出版社,2019.
[29] 杨林泉.预测与决策应用方法[M].北京:冶金工业出版社,2011.
[30] 杨德平,刘喜华.经济预测与决策技术及MATLAB实现[M].2版.北京:机械工业出版社,2016.
[31] 武松.SPSS实战与统计思维[M].北京:清华大学出版社,2018.
[32] 陈华友.统计预测与决策[M].北京:科学出版社,2019.

[33] 冯文权,傅征.经济预测与决策技术[M].6版.武汉:武汉大学出版社,2018.
[34] 郎艳怀.博弈论及其应用[M].上海:上海财经大学出版社,2015.
[35] 蒲勇健.应用博弈论[M].重庆:重庆大学出版社,2014.
[36] 丛林.博弈论大全[M].北京:中国华侨出版社,2013.
[37] 钟冠国.决策与博弈分析[M].贵州:贵州科技出版社,2004.
[38] 郭耀煌.运筹学与工程系统分析[M].北京:中国建筑工业出版社,1986.
[39] 卢向南,李俊杰,寿涌毅.应用运筹学[M].杭州:浙江大学出版社,2005.
[40] 王振军.交通运输系统工程[M].2版.南京:东南大学出版社,2017.
[41] 彭其渊.交通运输系统工程[M].成都:西南交通大学出版社,2018.
[42] 谷源盛.运筹学[M].重庆:重庆大学出版社,2001.
[43] 王济干,张婕,朱婵玲,等.系统工程理论方法与应用[M].南京:河海大学出版社,2016.
[44] 汪应洛,陶谦坎.运筹学与系统工程[M].北京:机械工业出版社,1999.